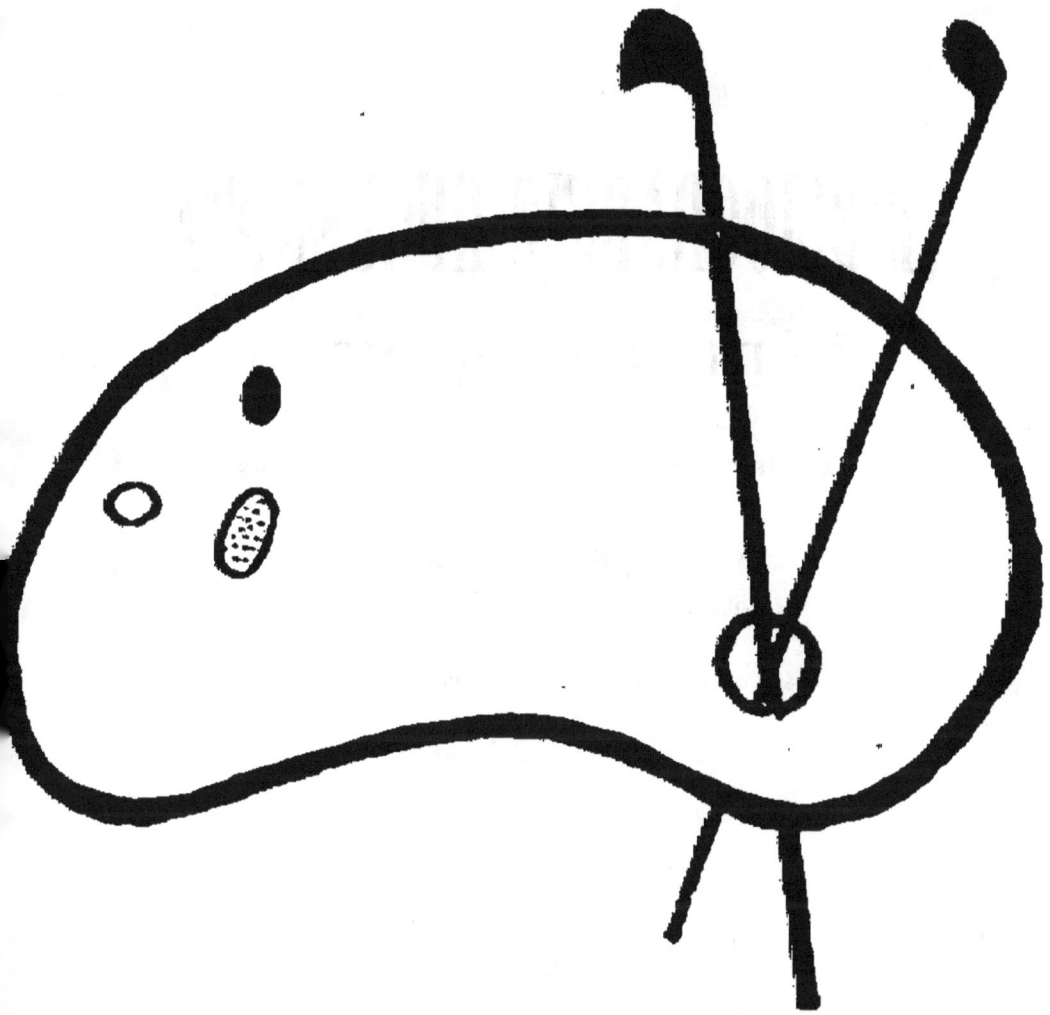

**DEBUT D'UNE SERIE DE DOCUMENTS
EN COULEUR**

BIBLIOTHÈQUE HISTORIQUE DU DAUPHINÉ

BIBLIOGRAPHIE HUGUENOTE

DU DAUPHINÉ

pendant les trois derniers siècles

PAR **E. ARNAUD**, PASTEUR

Président du Consistoire de Crest (Drôme)
Officier de l'Instruction publique
Membre de diverses Sociétés savantes de France et de l'Étranger.

GRENOBLE

Xavier DREVET, éditeur

Imprimeur-Libraire de l'Académie

14, rue Lafayette, 14

Succursale à Uriage-les-Bains.

—

M DCCC XCIV

LIBRAIRIE XAVIER DREVET

LIBRAIRIE DE L'ACADÉMIE. — MAISON FONDÉE EN 1785

14, rue Lafayette, 14, GRENOBLE

Succursale à Uriage-les-Bains.

Bureaux du Journal LE DAUPHINÉ

BIBLIOTHÈQUE HISTORIQUE DU DAUPHINÉ

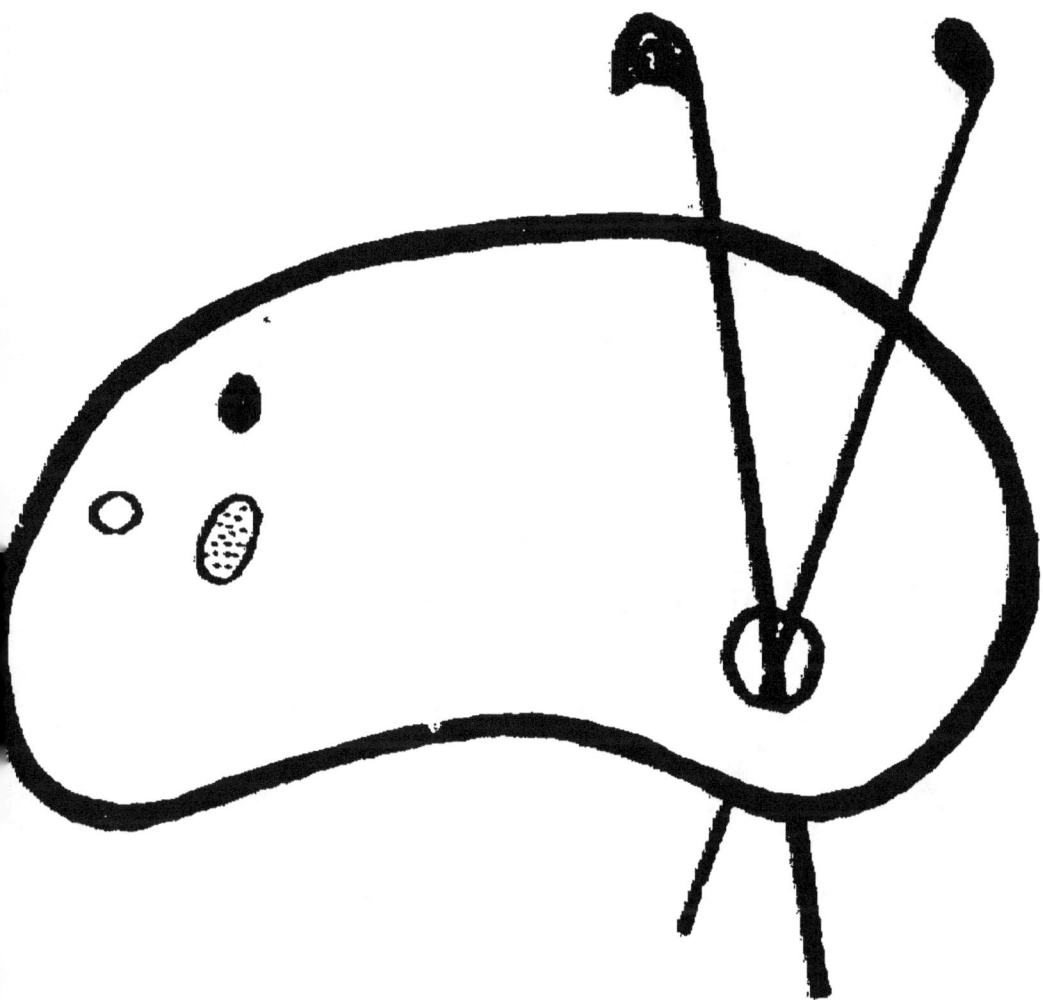

FIN D'UNE SERIE DE DOCUMENTS
EN COULEUR

BIBLIOGRAPHIE HUGUENOTE

DU DAUPHINÉ

BIBLIOTHÈQUE HISTORIQUE DU DAUPHINÉ

BIBLIOGRAPHIE HUGUENOTE

DU DAUPHINÉ

pendant les trois derniers siècles

PAR E. ARNAUD, PASTEUR

Président du Consistoire de Crest (Drôme)

Officier de l'Instruction publique

Membre de diverses Sociétés savantes de France et de l'Etranger.

GRENOBLE

Xavier DREVET, éditeur

Imprimeur-Libraire de l'Académie

14, rue Lafayette, 14

Succursale à Uriage-les-Bains.

M DCCC XCIV

Publication du Journal *Le Dauphiné*.

Directeur : Xavier Drevet, rue Lafayette, 14, Grenoble.

BIBLIOGRAPHIE HUGUENOTE

DU DAUPHINÉ

PENDANT LES TROIS DERNIERS SIÈCLES

Par E. ARNAUD

Pasteur, Président du Consistoire de Crest.
Officier de l'Instruction publique.

Cette Bibliographie renferme :

I. Les ouvrages des auteurs protestants ou anciens protestants :

1° Nés en Dauphiné et y ayant vécu ou non ;

2° Nés en dehors du Dauphiné et y ayant vécu un temps suffisant pour que cette province puisse les revendiquer en partie comme siens (1) ;

3° Nés en dehors du Dauphiné et sans y avoir vécu, mais dont les écrits y ont été imprimés.

II. Les ouvrages protestants anonymes parus en Dauphiné et dont les auteurs n'ont pas encore été découverts.

----

(1) C'est pour cette raison que nous ne donnons pas dans notre travail une place aux jurisconsultes *Jean de Coras*, né à Réalmont (Tarn), en 1515, et *François Holman*, né à Paris en 1524 : le premier n'ayant

Pour ce qui est des sources de cette Bibliographie, ce sont les ouvrages bien connus, publiés par Guy Allard, Chalvet, Jules Ollivier, Rochas, Martial Millet, Maignien, les frères Haag et Henry Bordier, qui a commencé la réimpression, considérablement augmentée, de *La France protestante* de ces derniers.

Nous nous permettrons d'y ajouter les divers livres et brochures que nous avons fait paraître sur l'histoire des protestants du Dauphiné et qui nous ont permis de découvrir quelques livres nouveaux.

Notre travail n'ayant pas, du reste, d'autre prétention que celle d'être une simple nomenclature, aussi complète que nous avons pu la dresser, des livres protestants dauphinois des XVI⁰, XVII⁰ et XVIII⁰ siècles, nous ne faisons pas l'histoire de ces livres et ne disons de leurs auteurs que l'indispensable. On trouvera ce qui manque dans les écrits des auteurs que nous venons d'indiquer.

---

professé le droit à Valence que de 1544 à 1549, et le second, que de 1564 à 1567. Quant à *Jacques Cujas*, né à Toulouse, en 1523, qui fut professeur de droit à Valence, de 1557 à 1559, puis de 1567 à 1575, il pouvait être protestant de cœur, mais il ne se déclara jamais tel, et il donna plusieurs fois même des marques de catholicisme. Nous laissons également de côté les humanistes *Joseph Juste de l'Escale* (Scaliger), né à Agen, en 1540, qui habita Valence seulement de 1570 à 1572, et *Isaac Casaubon*, né à Genève, le 18 février 1559, venu en Dauphiné à l'âge de trois ans, et parti à celui de dix-neuf, c'est-à-dire à une époque où il n'avait publié encore aucun ouvrage. Même exclusion quant à *Pierre Viret*, né à Orbe (Suisse), en 1511, qui prêcha la Réforme dans la Valloire pendant quelques mois de l'année 1565.

Alemand (LOUIS-AUGUSTIN)

Né à Grenoble, en ... ssé au catholicisme en 1676, avocat, puis litt ... Paris, et de nouveau avocat à Grenoble; mor. ... août 1728. La première et la troisième date, fournies par *La France Protestante*, sont erronnées d'après M. Maignien.

Nouvelles observations ou Guerre civile des François sur la langue. Paris, 1688, in-12.

Nouvelles remarques de M. de Vaugelas sur la langue françoise, ouvrage posthume avec des observations de M. Alemand. Paris, Desprez, 1690, in-12.

Histoire monastique d'Irlande, où l'on voit toutes les abbayes, prieuréz, couvents et autres communautéz régulières qu'il y a dans ce royaume. Paris, Lucas, 1690, in-12. — Traduit en anglais sous ce titre : *Monasticon hibernicon, or the monastical history of Ireland*. London, 1722, in-8º.

Journal historique de l'Europe pour l'année 1695. Strasbourg (Paris), 1694, in-12.

Science de la transpiration, ou Médecine statique... c'est-à-dire manière ingénieuse de se peser pour conserver et rétablir la santé par la connaissance exacte de l'insensible transpiration. Lyon, 1694, in-12, 156 pp. — Traduction de l'ouvrage de *Sanctorius*, intitulé : *Ars de statica medecina aphorismorum sectionibus septem comprehensa*. Venetiis, Nic. Polus, 1614, in-12.

MANUSCRITS :

Traité de l'ancienne secte des médecins méthodiques pour tâcher de faire revivre cette ancienne méthode.

Traité pour prouver que les protestants ne sont pas inutiles à la religion catholique.

Alemand (JACQUES-THOMAS)

Frère du précédent, avocat au Parlement de Grenoble. Il abjura comme son frère. Leur mère, Lucrèce Guichard de Pérosel, « emportée de rage et de fureur pour la dite conversion », déshérita ses deux fils au profit d'Alexandre Eustache, notaire à Lamure.

Préservatif contre toutes sortes de nouveautéz et d'hérésies. Grenoble, Jacques Petit, 1688, in-12, 89 pp.

Alexis (GERVAIS)

Etranger au Dauphiné par sa naissance. Pasteur à Briançon, de 1612 à 1618; à Rosans, de 1618 à 1622; à Livron, de 1629 à 1641.

Lettre reproduisant en substance l'ouvrage suivant de Daillé : *La foy fondée sur les Saintes Écritures contre les nouveaux Méthodistes.* Charenton, 1634, in-8°. — On n'a pas retrouvé cet opuscule, paru en 1640 ou 1641.

Défense de la religion protestante ou Traité montrant la nullité des conclusions du livre intitulé : Essay de l'histoire générale des Protestants, par G. Boule Marseillois, Chastelain de Vinsobres, soydisant Conseiller et Historiographe du Roy, imprimé à Paris, 1646 », etc., par G. Alexis, M.D.L.D.V. A Orange, par Edouard Raban, etc., 1647, in-18, 5 ff. non chiff. et 222 pp. — Cet écrit renfermant à la page 186 une *Réplique à la Réponse de l'Auteur de l'Essay historique sur la défense de la religion protestante,* que Boule y avait faite, p. 199 de la 2e édit. de son *Essay,* il s'ensuit que ledit écrit est un nouveau tirage ou un exemplaire augmenté après coup de la *Réplique.*

André (OSÉE)

Chapelain de l'armée genevoise dans la guerre contre le duc de Savoie, en 1589; ministre des églises du baillage de Ternier, pasteur à Cartigny, territoire de Genève, en 1607; à la Mure, de 1610 à 1620, date à laquelle on lui laissa la liberté de se placer ailleurs; traducteur du livre suivant :

Le Catholique Reformé, c'est-à-dire, Une exposition, et Déclaration de certains points, desquels les Églises Réformées sont en différent avec ceux de l'Eglise Romaine, composé par M. Guil. Perkins, docteur Anglois, etc. Lyon, 1617, in-32, 665 pp. — Ce dernier était professeur de théologie à l'Université de Cambridge, où il mourut en 1602, âgé de 45 ans.

Appais (Pierre)

Né à Die; pasteur en Quint vers 1600; à Die. de 1601 à
1608; à Châtillon, de 1609 à 1626; à Pontaix, de 1630
à 1634.

*Deux homélies, l'une des miracles de Christ au
ventre de la saincte et glorieuse Vierge sa mère, l'autre
de l'extrême cheute et merveilleux relèvement du roi
Manassé. Item les fruicts divers d'une muse chrestienne.* (Die). 1628, in-8°.

Arabin (Laurent)

Capitaine, né à Corps, dans la première moitié du
XVI° siècle; vivait encore en 1584.

*Mémoire fait par le capitaine Arabin, de la vie de
Monseigneur le connestable de Lesdiguières,* dans les
Delphinalia de Gariel, et les *Actes et correspondance
du Connétable de Lesdiguières,* t. III, p. 3-22.

Armand (Daniel)

Né à Arnayon, en 1745; pasteur du désert de Dauphiné;
commissaire des vivres à Valence, à l'époque de la
Révolution (après 1791); juge de paix à Nyons, sous
le Consulat et l'Empire, révoqué à la Restauration;
mort en 1831.

*Discours sur les devoirs que nous devons au Roi et
aux magistrats qui le représentent. Prononcé dans le
Bas-Dauphiné,* par un Ministre du St. Evangile; s. l.,
1787, 22 pp. in-12.

Note sur l'éducation des vers à soie, par le citoyen
A***; s. l., 31 pp. in-8°.

Traité sur les vers-à-soie, par Daniel Armand, ancien
pasteur, ex-juge de paix du canton de Nyons. A Nyons,
de l'imprimerie de Louis Gros, 1828, 102 pp. in-12.

MANUSCRITS :

*Quelques documents depuis la révocation de l'édit
de Nantes sur l'état pénible des Chrétiens évangéli-
ques du Dauphiné.*

*Mémoire sur la nécessité de favoriser la multiplica-
des oiseaux à bec fin.*

*Essai démonstratif du Flux et Reflux, précédé de
l'examen du système Newtonien sur le même sujet.*

Arnaud (HENRI)

Né à Embrun, le 30 septembre 1641, d'une famille noble;
réfugié tout jeune dans les vallées vaudoises du Piémont, avec son frère Daniel; pasteur dans la paroisse
de Maneille-Massel, en 1670, puis dans d'autres; exilé
en 1686; rentré dans les vallées à la tête de son peuple
en 1689; exilé de nouveau en 1698, et pasteur à Schœnenberg; rentré pour la seconde fois en 1703; pasteur
à La Tour et ailleurs, et contraint de partir en 1707;
de retour encore en 1708, et parti définitivement en
1709; mort pasteur à Schœnenberg le 8 septembre 1721.

*Histoire de la glorieuse rentrée des Vaudois dans
leurs vallées, où l'on voit une troupe de ces gens, qui
n'a jamais été jusqu'à mille personnes, soutenir la
guerre contre le roi de France et contre S. A. R. le duc
de Savoye, etc., le tout Recueilli des Mémoires qui ont
été fidèlement faits de tout ce qui s'est passé dans cette
guerre des Vaudois, et mis au jour par les soins et aux
dépens de Henri Arnaud, Pasteur et Colonel des Vaudois;* s. l. (Cassel), 1710, in-12. — Traduction ang'aise,
par Hugh Dyke Acland; Londres, 1627, in-12. — Autres
éditions: *Histoire de la rentrée des Vaudois dans leurs
vallées du Piémont.* Neufchâtel, Michaud, 1845, in-12,
251 pp.; — *Histoire de la glorieuse rentrée, etc.* Genève, J.-G. Fick, avril 1879, par Gustave Revilliod et
Edouard Fick, in-12, 358 pp., avec une carte.

Lettres à divers, dans Em. Comba, *Henri Arnaud, sa
vie et ses lettres, etc.* La Tour, 1889, in-8º, p. 57 à 80.

Astier (JEAN-PIERRE)

Né à Moze, commune de Saint-Agrève (Vivarais), le
9 février 1757; pasteur du désert de Vivarais, puis
confirmé par l'Etat au moment de la loi de germinal

an X; mort à Saint-Laurent-du-Pape (Ardèche), le 24 décembre 1839.

Discours intéressant sur la nouvelle Constitution en France et la religion, etc. Valence. P. Aurel. s. d. (1791). 46 pp., in-8º.

Lettre aux riches qui négligent le culte religieux, nés dans l'église évangélique de la ville de D* (Die). etc. Valence, 1821, in-12, 36 pp.

L'esprit de Bionnens sur l'Apocalypse et les prophéties de Daniel, pour ce qui regarde les derniers temps. avec de nouvelles remarques et une esquisse des plus excellents auteurs, etc.: s. l. (Valence), Ère chrétienne, 1798, an 6 de la République Française. in-8º, 888 pp.

Lettre à un ami sur la divinité de l'Évangile, etc. Valence, Marc Aurel, 1826, in-12, 75 pp.

Sermons nouveaux sur des sujets très intéressants. Valence, Marc Aurel, s. d. (1828), in-12, 115 pp.

Le réveil des gens de bien... ou cri de la sublime vérité contre les faux pasteurs, etc. Valence. 1830, in-12, 59 pp.

Avond (Jacques)

Né à Die, passé au catholicisme. puis curé à Mirabel et à Aouste.

Poëme à l'honneur du sacré vœu de virginité et de continence, avec plusieurs remarques et avis pour le salut des âmes et conversion des dévoyez. Grenoble, Pierre Fremont. 1650, in-4º. 11 ff. et 101 pp.

Aymin (Jean) ou Eymin

Né à Sisteron (Provence) ; pasteur à Briançon. de 1619 à 1623; à Saint-Paul-Trois-Châteaux, de 1626 à 1630; à Die, de 1630 à 1642; par intérim. à Lyon, en 1638. et à Saint-Jean-d'Hérans, en 1649; à Manosque (Provence), en 1643; à Gap, en 1659, en qualité de suffragant: prête de nouveau, à Lyon, en 1662 et 1663.

L'adoption des enfants de Dieu ou exposition de ces paroles de l'apôtre S. Paul aux Ephes. Chap. I, v. 2. En qui aussi, etc., par Jehan Aymin. A Dye, par Ezéchiel Benoit, 1624, in-12, 301 pp.

Conférence tenue à Gap entre Jean Aymin et MM. Morin et Chaurand, jésuites, en 1659. Non retrouvé.

Aymond (JEAN)

Né à Romans, en 1661, de parents catholiques, curé dans l'Oisans, docteur en théologie et en droits, pronotaire apostolique en 1687, passé au protestantisme en Suisse, puis retiré en Hollande, où il se fit recevoir pasteur ; mort vers 1720.

Métamorphoses de la religion romaine qui ont donné lieu à plusieurs questions agitées dans une lettre envoyée au cardinal Le Camus. La Haye, Abr. Troyel, 1700, in-18, 20 et 442 pp.

Lettre du sieur Aymon, cy-devant prélat domestique du Pape Innocent XI, à tous les archiprêtres, curez, vicaires et autres du clergé séculier, au sujet de quelques propositions qui luy ont été faites par M. l'abbé Bidal... sur la réunion des deux religions, etc. La Haye, Kitto, 1704, in-8o, 96 pp.

Lettre du sieur Aymon, cy-devant prélat..., à M. N., professeur en théologie dans l'Université réformée de N., écrite à l'occasion de plusieurs manuscrits importants qui ont été remis à l'auteur pour être publiés, et qui contiennent des faits considérables touchant la Religion. Genève, Fabri et Barillot, in-4o, 12 pp. — Cette lettre parut simultanément à La Haye sous ce titre : *Lettre du sieur Aymon... à M. N., professeur en théologie, pour informer les gens de probité et les savants des insignes fourberies de plusieurs docteurs du papisme et du mouvement extraordinaire qu'ils se donnent maintenant avec quelques reformez pervertis qui travaillent de concert à détruire par des impostures le sieur Aymon et à le priver par divers attentats de plusieurs manuscrits, etc.* La Haye, 1707, in-4o.

Tableau de la Cour de Rome, dans lequel sont représentés au naturel sa politique et son gouvernement temporel et spirituel. La Haye, 1707, in-12; nouvelles éditions en 1725, 1727 et 1729.

Monumens authentiques de la religion des Grecs et de la fausseté de plusieurs confessions de foi des chrétiens orientaux, produites contre les théologiens réformez par les prélats de France et les docteurs de Port-Roïal, dans leur fameux ouvrage de la Perpétuité de la foi de l'Eglise catholique, etc. La Haye, Ch. Delo, 1708, in-4°, 528 et 22 pp. — Nouveau texte: *Lettres anecdotes de Cyrille Lucas, patriarche de Constantinople. Concile de Jérusalem, contre lui, et examen de sa doctrine.* Amsterdam, 1718.

Tous les synodes nationaux des Églises réformées de France, auxquels on a joint des mandements roïaux et plusieurs lettres politiques sur les matières synodales, etc., etc. La Haye, Ch. Delo, 1710, 2 vol. in-4°. — Nouveau titre. La Haye, 1736.

Maximes politiques du Pape Paul III touchant ses démêlez avec l'empereur Charles Quint, au sujet du Concile de Trente, etc. La Haye, Scheurbeer, 1716, in-12, 46 et 288 pp.

Mémoires et négociations de la Cour de France, touchant la paix de Munster. Amsterdam, 1718, in-fol.

Nouvelle méthode pour l'étude du droit civil et canonique. 1719, in-12.

Lettres anecdotes et Mémoires historiques du nonce Visconti sur le Concile de Trente, mis au jour en italien et en français. Amsterdam, 1719, 2 vol. in-12; 1739, 2 vol. 12.

Lettres, mémoires et négociations de M. le comte d'Estrades, pendant le cours de son ambassade en Hollandes, depuis 1663 jusqu'en 1668. Bruxelles (La Haye), 1709, 5 vol. in-12. — Autre édition, par Prosper Marchand. Londres (La Haye), 1743, 9 vol. in-12.

Chalvet lui attribue encore la *Diognométrie* pour la navigation.

MANUSCRITS :

Mémoire de plusieurs Actes, Patentes... présenté à son Eminence Monseigneur le Cardinal de Noailles, archevêque de Paris..., par le Sr Aymon..., cy-devant ministre réfugié à La Haye, en Hollande, et présentement à Paris, avec permission de Sa Majesté Très

Chrétienne, pour y faire profession de la R. C. A. et R., et pour s'y employer à tout ce qu'il pourra être utile, soit pour la Religion ou pour l'Etat ; et, afin qu'on juge de sa personne et de ses talents sur des fondements solides, il produit les pièces suivantes..... (5 pièces). Aymond, pronotaire apostolique (sans date, vers 1706). — A la Bibliothèque nationale, Fond français, n° 20967.

Balcet (Jean)

Natif de Pragela. Pasteur à Chorges, de 1615 à 1617 ; à Pragela, de 1617 à 1622. Passé au catholicisme.

Remonstrance chrestienne à MM. les Ministres des Eglises Prétendues Réformées de France, Genève, Allemagne et pays circonvoisins sur le point de la justification et ses dépendances, etc. ; Lyon, 1634, in-4°.

Traité de la justification des hommes devant Dieu et de ses dépendances, de la foy et grâce et mérite des bonnes œuvres ; Lyon, 1636, in-4°. — Paraît être une nouvelle édition de l'ouvrage précédent.

Diurnal de la vraye Eglise, paru en 1651 ou 1652. — Non retrouvé.

La défense de la Sainte Messe et de ses dépendances contre les injustes accusations, erreurs et blasphèmes des Ministres et en spécial du sieur Pastor, ministre de Pragela ; Lyon, 1656, in-8°.

Theologia moralis vive templum divinæ justiciæ Deo patri sacrum, etc. ; Lugduni, 1664.

Balde (Hyacinthe), dit Bellecour

Né à Grenoble, moine, passé au protestantisme en 1632 : pasteur à Nimes en 1650, puis régent du collège de Castres. Retourné au catholicisme avec sa femme le 22 avril 1658.

Lysiados libri V. poema heroicum de gestis Ludovici XIV. Palmæ liliatæ ; Castris, 1653, in-4°.

Baratier (François)

Né à Romans en 1682, réfugié successivement à Vevey, Lausanne, Berlin et Francfort-sur-l'Oder ; puis pasteur à Wilhemsdorf, Schwabach et Stettin ; enfin inspecteur des églises françaises de Magdebourg ; mort en 1751.

Fables et histoires possibles, Halle, 1763, in-8°. — Réimprimé en partie sous ce titre : *Le jouet des petits enfants*, 1776, in-8°.

Curieuse relation au sujet d'un enfant précoce ; Stettin et Leipsick, 1728, in-4°. — Traduit en allemand.

Sermon d'adieu à l'église française de Schwabach ; Francfort, 1745, in-8°.

Barbier (Josué)

Né à Pontcharra. Pasteur en Quint, de 1603 à 1606 ; à Saint-Marcellin, de 1606 à 1612 ; à Livron, de 1613 à 1615. Passé au catholicisme et avocat consistorial au Parlement de Grenoble.

La Ministrographie huguenote, et tableau des divisions calviniques ; Lyon, C. Chastellard, 1618, in-12, 6 f. non chif. et 214 p.

Les miraculeux effets de la sacrée main des rois de France tres-chrestiens : pour la guarison des malades et conversion des héretiques ; Paris, Jean Orry, 1618, in-8°, 75 p. — Autre édition, Lyon, 1618, in-8°, avec un titre rafraichi.

MANUSCRIT :

Tableau des Assemblées Calviniques de ce Royaume, par Josué Barbier, advocat au parlement de Dauphiné ; 10 p. in-4°. C'est un résumé de l'organisation ecclésiastique des protestants de France. Aux Archives nationales, TT, 329.

Barnaud (Nicolas)

Médecin hermétique, né à Crest vers 1539 de Libert Barnaud, procureur dans la même ville, qui se maria vers 1538 et était mort en 1567. Nicolas épousa Ollivier (Anne), l'institua son héritière et vivait encore en 1595 (1).

Commentariolus in quoddam epitaphium Bononiæ studiorum anse multa sæcula marmoræo lapidi inscripta; additi sunt processus chimici non pauci; Lugd. Batav., Th. Basson, 1597, in-8º. — Reproduit dans le *Theatrum Chemicum*, t. III.

Triga chemica, id est de lapide philosophice tractatus tres; Lugd. Batav., Chr. Raphelengius, 1599, in-8º; 1600, in-8º.— Reproduit dans le *Theatrum Chemicum*, t. III.

Quadriga aurifera; ex officina Plautiniana, apud Chr. Raphelengium, 1599, in-8º, 95 p. — Barnaud n'est que l'éditeur de cet ouvrage, reproduit dans le *Theatrum Chemicum*, t. III.

Brevis elucidatio arcani philosophorum; Lugd. Batav., Christ. Raphelengius, 1599, in-8'. — Inséré dans le *Theatrum Chemicum*, t. III.

Tractatus chemicus, Theosophiæ palmarium dictus, anonymi cujusdam Philosophi antiqui; Lugd. Batav., Th. Basson, 1601, in-8º, 52 p. non chiffrées. — Reproduit dans le *Theatrum Chemicum*, t. III.

De occulta Philosophia, epistola cujusdam patris ad filium; Lugd. Batav., Th. Basson, 1601, in-8º, 32 p. non chiffrées.

Processus chemici V; Carmen elegans, in nomine Dei viventis et vivificantis; Epistola ad D. Barnaudum, patruelem suum : Epistola Gallis omnibus, in quâ ejus poculum philosophicum explicatur. — Ces 4 opuscules sont insérés dans le *Theatrum Chemicum*, éd. de 1613, t. III, p. 755 à 764 et 832-834.

Le livre de l'Autorité de la Sainte Ecriture, traduict par Nicolas Barnaud, gentilhomme dauphinois, avec l'Advertissement de Messieurs les théologiens de Basle sur quelques endroits dudit écrit, 1592, in-8º. s. l. — C'est la traduction d'un livre de Socin, mentionné par Sandius, *Bibl. antitrinitariorum,* Freistadii, 1684, in-8'. Vorstius et Bayle la disent anonyme.

---

(1) Notes de M. Brun-Durand, de Crest.

OUVRAGES ATTRIBUÉS A BARNAUD

Dialogue auquel sont traitées plusieurs choses adrevenues aux Luthériens et Huguenots de la France ; ensemble certains points et avis nécessaires d'estre sceuz et suivis ; Basle, 1573, in-12, 164 p. — Traduction latine publiée à Oragniœ (Orani en Piémont). Adamus de Monte, 1573, in-8o, 4 f., 170 p. et 2 f. d'index.

Augmenté d'un nouveau Dialogue sous ce titre : *Dialogi ab Eusebio Philadelpho cosmopolita, in Gallorum et cœterarum nationum gratiam compositi*, etc. ; Edimburgi (Basileœ ?), 1574, in-8o. — Autre titre : *Dialogi duo de vita Caroli IX, regis Galliarum, reginæ que matris ejus ;* Edimburgi, 1574, in-8o.— Traduction française sous ce titre : *Le Réveille-Matin des François et de leurs voisins. Composé par Eusèbe Philadelphe cosmopolite en forme de dialogues ;* Edimbourg, 1574, in-8o. — Le premier dialogue a été traduit en allemand par Emericus Lebusius ; Edimburg, 1575, in-12. — Autre édition du second dialogue sous ce titre : *Dialogue second du Réveille-Matin... et mis de nouveau en lumière ;* Edimbourg, 1574, in-8o.

Prosper Marchand, Placcius, Barbier et Brunet attribuent cet ouvrage à Barnaud, et Baillet à Théodore de Bèze ; mais Cujas, plus ancien qu'eux, le dit du jurisconsulte Hugues Doneau, et c'est le sentiment qu'adopte Bordier dans *La France protestante*, 2e éd., vol. I, col. 851, qui dit : « On n'y trouve pas un seul mot qui puisse faire soupçonner un écrivain adonné à la médecine et encore moins à l'alchimie, tandis que le jurisconsulte et le théologien s'y montrent dans une foule d'endroits. »

Le Secret des thrésors de France, descouvert et départis en deux livres, par N. Froumenteau, et maintenant publié pour ouvrir les moyens légitimes et nécessaires de payer les dettes du Roy, descharger ses sujets des subsides imposez depuis 31 ans et recouvrer tous les deniers promis à Sa Majesté, etc. ; s. l., 1581, petit in-8o, 230 p. et 194 p. — Seconde édition sous ce titre : *Le secret des finances de France descouvert... en ses coffres.* Le livre second y est considérablement

augmenté sous ce titre : *Le second livre des finances
de France, représentant par le menu... que les ecclé-
siastiques y possèdent ;* suivi d'un troisième livre sous
ce titre : *Le troisième livre du secret...* s. l., 1581,
152 p., 472 p. et 439 p. — Troisième édition sous ce
titre : *Le Thrésor des Thrésors de France ou Prépara-
tif propre et nécessaire pour payer les dettes du Roy,
descharger ses sujets et recouvrer les deniers qui ont
été dérobés à Sa Majesté ;* 1581, 3 t. en 1 vol. in-8°.

M. Bordier, dans *La France protestante,* 2° éd.,
vol. VI, col. 754, est disposé à croire que ce pamphlet
est de Jean Frotté, secrétaire des finances de la reine
Marguerite de Navarre.

*Le Cabinet du Roy de France dans lequel il y a trois
perles précieuses d'inestimable valeur : Par le moyen
desquels Sa Majesté s'en va le premier monarque du
monde, et ses sujets du tout soulagez ;* s. l., 1581 (ou
1582), 3 l. en 1 t. in-8°, 647 p. Dédicace à Henri III par
N. D. C. Autres éditions : 1582, in-8°, 8 f., 647 p. et 5 f. ;
Londres, 1524, in-8°. — Le Duchat, Prosper Marchand,
Barbier et Brunet voient dans les lettres N. D. C., Nicolas de Crest, et attribuent le livre à Nicolas (Barnaud) de Crest. — D'autres, à l'auteur du *Secret des
Thrésors de France* qui signe, comme on l'a vu, N.
Froumenteau.

*Le Miroir des François, compris en trois livres, con-
tenant l'état et maniement des affaires de France,
tant de la Justice que de la Police... le tout mis en lumière par Nicolas de Montaud ;* 1581, in-8°, 7 f. et 497 p.
— Des exemplaires portent la date de 1582 avec un
titre différent. Autre édition, 1582, in-8°, 7 f. et 736 p.

La Monnoye est le premier bibliographe qui ait
attribué cet ouvrage à Barnaud. Barbier l'a suivi.

Le Duchat croit que *Le Secret des Thrésors, Le Cabinet du roi* et *Le Miroir* sont l'œuvre du même
N. Froumenteau, que celui-ci soit le pseudonyme de
Nicolas Barnaud ou de tout autre. Mais ce n'est guère
possible, car le premier de ces livres est un mémoire
sérieux et réservé, tandis que le deuxième est un vio-
lent pamphlet dirigé surtout contre le clergé catho-

lique. Est-il possible, du reste, qu'un seul et même auteur ait pu produire et publier la même année trois livres de cette importance ?

Bech (PHILIPPE)

Pasteur à Beaufort en 1675, à Saint-Marcellin de 1684
à 1685, à Zvolle (Hollande) en mai 1686, mort le
20 mai 1698.

*La critique générale de l'Histoire du Calvinisme de
Monsieur de Maimbourg.* Condamné par arrêt du Parlement de Grenoble du 13 février 1683 à être brûlé sur
la place du Brûeil.

Benoit (GASPARD)

Ancien du Consistoire de Crest, passé au catholicisme
avec toute sa famille.

*Déclaration du Sr Gaspard Benoit, Bourgeois de la
rille de Crest en Dauphiné, contenant les justes causes
de sa Conversion à la foi Catholique, Apostolique et
Romaine ;* Tournon, Claude Michel, 1619, 162 p. in-8º.

Benoit (SAMUEL)

Né à Genève et baptisé dans cette ville le 14 juin 1578.
Docteur en médecine à Die de 1598 à 1620, année de
sa mort.

*Discours véritable d'une fontaine ornée de merveilleuses propriétez et vertus. Nouvellement trouvée près
de Die, en Dauphiné,* par S. Benoit, D. M. ; Die, 1619,
in-4º, 4 p.
*Domini Guillelmi Salusti Bartasii, poetarum nostri
seculi facile principis, Hebdomas II ;* Lugduni, apud
Bartholomœum Vincentium, M. DC. IX, petit in-12,
12 f. non chiffrées et 162 p. C'est la traduction de *La
Seconde Semaine* de Sallustre du Bartas.

Bernard (JACQUES)

Né à Nyons le 1er septembre 1658. Pasteur à Venterol en 1679, à Vinsobres en 1683, à Tergow (Hollande) en 1689, peu après à La Haye, puis à Leyde en 1705 jusqu'au 27 avril 1718, date de sa mort. Il était également professeur à l'Université de cette dernière ville.

Lettres de M. Bernard, pasteur de Leyde, sur l'Apologie de Frédéric-Auguste Gabillon, moine défroqué; Amsterdam, 1708, in-12.

Traité de la repentance tardive ; Amsterdam, 1712, in-8°, XIX, 4 et 362 p. — Défense de ce livre dans le *Journal littéraire*, t. III, p. 413 et suiv.

Epistola de tolerantia ad Clariss. Virum, T. A. R. P. T. O. L. A., scripta ad P. A. P. O. J. L. A.; Goudœ, 1689, in-12, 96 p.

De l'Excellence de la religion ; à quoi l'on a joint quatre discours. I. Sur les vrais et les faux caractères de l'amour de Dieu. II. Sur les dispositions dans lesquelles doit être le chrétien par rapport à ses ennemis. III. Du Martyre. IV. Du Mensonge; Amsterdam, 1714, 2 vol. in-8°, et 1732, 1 vol. in-12.

Recueil des traités de paix, de trèves, de neutralité, de suspension d'armes, de confédérations, d'alliances, etc., faits entre les empereurs, rois, républiques, etc., le tout rédigé par ordre chronologique et accompagné de notes, de tables, etc. ; Amsterdam, 1700, 4 vol. in-fol.

Théâtre des états de S. A. R. le duc de Savoie, prince de Piémont, traduit du latin (de Jean Blaeu) *en françois ;* La Haye, 1700, 2 vol. in-fol.

Actes et mémoires de la négociation de la paix de Ryswick ; La Haye, 1696, 4 vol. in-12, et 1725, 5 vol. in-12.

Lettres de Jacques de Bongars, résident et ambassadeur du roi Henri IV, vers les électeurs, princes, etc. Nouvelle édition, où l'on a retouché la version en divers endroits et ajouté un grand nombre de passages, etc.; La Haye, 1695, 2 vol. in-8°.

Plusieurs articles dans le *Supplément au grand Dictionnaire historique*, de Moréri, éd. d'Amsterdam, 1716, 2 vol. in-fol.

Plusieurs autres articles dans :

Lettres historiques contenant ce qui s'est passé de plus important en Europe; La Haye et Amsterdam, 1692 à 1728, in-12; — *Histoire abrégée de l'Europe*; Leyde, 1686-1687, 3 vol. in-12; — *Bibliothèque universelle*, de J. Leclerc, t. XX à XXX, 1691 à 1693; — *Nouvelles de la République des lettres*, 1699-1710 et 1716-1718.

Blanc (ETIENNE)

Pasteur à Château-Dauphin de 1614 à 1616, à Oulx de 1616 à 1617. Professeur à l'Académie de Die de 1617 au 29 juin 1651, date de sa mort.

Stephani Blanci, SS. Theologiæ in Academia Diensi professoris, Prælectio in Rom. cap. 10. V. 6, 7, 8, publicé ab eo habita in synodo Ecclesiarum Ref. Delphinatus apud Corpenses coacta, die 19 julii 1633, cum ipsi demandaretur docenda Theol. provincia; et ejusdem synodi decreto typis mandata; Deio: Aug. Vocont., in-8°, 43 p.

Disputatio theologica de animæ humanæ origine, et modo quo propagatur Peccatum originale quam, annuente benigne ΤΡΙΣΑΤΙΩ, *sub præsidio viri clarissimi et doctissimi D. Steph. Blanci, S. S. Theologiæ, etc.:* Deio: Aug. Vocont., 1648, in-8°, 35 p.

Theses de Providentia Dei; (Deio: Aug. Vocont.), 1648, in-4°.

Bonnefoy (ENNEMOND)

Jurisconsulte. Né à Chabeuil le 20 octobre 1526, professeur de droit à Valence de 1563 à 1572, puis à Genève de 1572 au 8 février 1574, date de sa mort.

Του ανατολικου νομικου Βιβλια F. juris orientalis libri III, ab Enimundo Bonefidio I. C. digesti, ac notis illustrati... Anno M. D. LXXIII, excudebat Henr. Stephanus, in-8°, 4 f., 304 p. + 7 f., 312 p.

Editeur des *Paradoxorum demonstrationum medicinalium Laur. Jouberti, philosoph, et medi.*; Monspeliensis, Decas prima, etc. Voy. JOUBERT.

Borel (JEAN)

Né à Fenestrelle le 22 décembre 1684, réfugié à Zurich et à Marbourg, où il fut professeur de physique et de médecine. Mort le 12 janvier 1747.

De plantis verno tempore efflorescentibus; Marburgi, 1706, in-4°.

De Singultu; Marburgi, 1707, in-4°.

De apoplexia; Marburgi, 1720, in-4°.

Un grand nombre de *Programmes*.

Boule (GABRIEL)

Ancien moine jacobin de Marseille, pasteur à Orange, de 1622 à 1623; à Vinsobres, de 1626 à 1637. Passé de nouveau au catholicisme.

Arrests définitifs recueillis de la Parole de Dieu par Gabriel Boule, ministre du S. Evangile en l'Église Reformée de Vinsobres en Dauphiné: par lesquels sont mis à néant les sentences forgées par le Sr Gabriel Martin, se disant jadis de Nyons, et à présent abbé de Clausone, en Dauphiné; Genève, Pierre Chouet, 1633, in-8°, 16 f. non chif. et 258 p.

Essay de l'Histoire générale des Protestans. Distingue par Nation, et recueillie de leurs Auteurs, ou d'autres qui sont en leur approbation; Paris, Vitré, 1646, in-12, 11 f. non chif. et 198 p. — Sec. édit., Paris, Vitré, 1647, in-12. Augmenté, à la p. 199, d'une *Refutation d'un Ecrit publié par un ministre* (Alexis), *contre la dernière partie de cet Essay.*

Histoire naturelle ou relation exacte du vent particulier de la ville de Nyons en Dauphiné, dit le vent Saint Césarée d'Arles, et vulgairement le Pontias, etc.; Orange, E. Raban, 1647, in-12, 159 p.

Observation sur Nyons, en Dauphiné; Orange, Ed. Raban, 1647, pet. in-8°.

Une *Théologie*, d'après Guy Allard.

Le pasteur évangélique, d'après Chalvet.

Bourjac (FÉLIX)

Sénéchal de Valentinois et Diois en 1562, et conseiller
du roi.

*Ordonnances sur le règlement, forme de gouverne-
ment, que doivent tenir les soldats et gens de guerre
des bandes chrestiennes, etc.; Lyon, 1562, in-12.*

Boustier (FRANÇOIS)

Né dans le Briançonnais. Pasteur à Saillans, en 1670.

Rapports de la langue française et de la langue hé-
braïque. Non retrouvé.

Bouteroue (DENIS)

Né à Genève et élève de son académie le 3 mai 1601,
fils de Denis Bouteroue, reçu habitant de cette ville
le 25 septembre 1572. Pasteur à Grenoble de 1607 à
1640.

*Véritable narré de la Conférence entre Bouteroue,
Ministre de Christ, et Marcellin, capucin; s. l., 1614,
in-12.*

*Réfutation du livre du sieur Marcellin, etc.; Ge-
nève, Pierre Aubert, 1615, in-8°. Dédicace à Lesdiguières.*

*Responce aux escrits du sieur Pétriny, dict le Petit
Carme, touchant la réelle existence du corps de Jésus-
Christ en la Saincte Eucharistie.* — En collaboration
avec François Murat, pasteur à Grenoble. Parue sans
doute à Genève en 1618 ou 1619. Non retrouvée.

*Harangue à Sa Majesté le roi Louis XIII, à son pas-
sage à Grenoble, le 29 novembre 1621. Imprimé dans
Le Mercure,* même année.

*Le mystère de la piété ou Se. . .n sur les paroles de
saint Paul, I Tim. c. 3, v. 16; Genève, Paul Marceau,
1622, in-8°, 56 p.*

*Harangue à Monseigneur le Comte de Soissons, à son
arrivée à Grenoble, faite par Denys Bouterouë, au
nom de ceux qui font profession de la Religion reformée de ladite ville. Prononcée le 7 novembre 1623.*

Jouxte la copie. Imprimé à Grenoble, 1623, in-8°, 8 p.; Paris, Nicolas Alexandre, 1623, in-8°, 12 p.

Les motifs de la conversion d'Eléazar Charles, natif d'Avignon, en 1623 ou 1624. Non retrouvé.

Harangue au synode de Castres de 1626. Imprimé dans *Le Mercure*, de la même année.

La Réponse des bons anges aux rois angéliques des mauvais, ou Réfutation d'un escrit publié sous le nom de Jean d'Auric, touchant les motifs de son apostasie, le 30 janvier 1627; (Grenoble, Cocson), 1627, in-8°, 8 p.

MANUSCRIT :

Histoire des persécutions des Eglises Réformées de Saluces, 1620.

Burlamachi (FABRICE)

Né à Genève le 7 mai 1628. Pasteur de l'église italienne de cette ville, en 1653; à Grenoble, de 1655 à 1665; retourné à Genève, où il mourut en 1693.

Sermon fait au jour de jusne célébré par les Eglises Réformées de Dauphiné le 3. jour de décembre 1662 sur l'Apocalypse, Chap. III, V. 1, 2, 3, etc.; Genève, 1664, in-12.

Catéchisme sur les principales controverses que nous avons avec l'Eglise romaine; s. l., 1668, in-18.

Synopsis theologiæ et specialim economiæ fœderum Dei; Genève, 1678, in-4°.

Considérations servant de réponse au cardinal Spinola; Genève, 1680, in-12.

Caille (ANDRÉ)

Né à Bargemon (Provence). Pasteur à Lyon en 1572; à Montélimar, en 1593; à Grenoble, de 1593 à 1605.

Conférence par escrit entre le P. Cotton jésuite et A. Caille, Ministre du Sainct Evangile; s. l, 1599, in-8°, 131 p.

Response à la « Copie d'une lettre escrite à un Conseiller du Présidial de Lyon, par un Gentilhomme lyonnais, estant à Grenoble l'an 1600 »; (Grenoble, A. Blanc, 1602), in-8°, 15 p.

Apologie pour le très sainct et très parfaict Sacrifice faict et parfaict une seule fois en la Croix par Nostre Seigneur et seul Saureur Jésus-Christ, contre le feinct et supposé Sacrifice de la Messe, maintenu par Pierre Cotton, s. l.; 1601, in-8°, 6 f. non chif. et 355 p.

Examen de la Response faicte par F. Gilles Renard de l'ordre de Sainct-François, à la thèse d'un Ministre de Grenoble sur l'Invocation des Saincts; (Grenoble, A. Blanc), 1600, in-4°, 48 p.

Advertissement modeste et salutaire sur une bourde publiée n'aguères contre un Ministre de Grenoble; (Grenoble, A. Blanc), 1640, in-4°, 15 p.

Lettres et Articles envoyés par Pierre Cotton, jésuite, au Seigneur des Diguières, avec la response du dit seigneur des Diguières, ensemble avec les notes sur les dites lettres et articles, faictes par Chrestien Constant, gendarme de la compagnie du dit Seigneur des Diguières; (Genève), 1601, in-8°, 243 p. En collaboration avec Cresson.

Calignon (Soffrey de)

Né à Saint-Jean, près Voiron, le 8 avril 1550. Négociateur, mort à Paris le 9 septembre 1606.

Poésies de Soffrey de Calignon, dans *Vie et Poésies de Soffrey de Calignon, chancelier du roi de Navarre, publiées sur les manuscrits originaux par le Comte Douglas;* Grenoble, Edouard Allier, 1874, in-4°, p. 141 à 283.

Réponse, en latin, à l' « Incendium Calvinisticum a Navarri legatis apud quosdam Imperii ordines ad certam religionis ac Reïpublicæ conturbationem procuratum » des jésuites du collège d'Ingolstat, 1584.

Réponse aux « Lettres monitoires » publiées par Grégoire XIV contre Henry IV.

Calignon (ALEXANDRE), seigneur de Peyrins

Fils du précédent, né en 1589, mort en 1656, militaire et mathématicien.

Perpendiculorum inconstantia, ab Alexandro Calignonio nobili Delphinate excogitata, à Petro Gassendo bona fide tradita et pulchro commentario exornata, a Jo. Caramuel Lobkowitz examinata et falsa reperta ; Lovanii, 1643, in-12.

Chalier (JACOB) (1)

Né à Usseaux, en Briançonnais. Pasteur à Château-Dauphin de 1618 à 1620, à Abriès en 1626. Passa peu après au catholicisme, puis exerça la médecine à Tullins.

La Vérité triomphante contre l'estrange nouveauté des Ministres, où est montré clairement que leurs dogmes fondamentaux sont injurieux à la justice et miséricorde de Dieu, etc. ; Grenoble, 1642, in-8°. 335 p.

Chaillet (DAVID)

Né dans le comté de Neuchâtel vers 1538. Pasteur à Vienne en 1562, à Lyon en 1563, puis à Neuchâtel et dans les environs.

Traité de la foi et usage des miracles et de la conception de la Vierge Marie en péché originel contre l'opinion de ceux de l'Église romaine ; Paris, J. Bonnefoy, 1566, in-8°.

---

(1) Ici devrait être placé *Chasteillon* (Sébastien), connu au XVIe siècle sous le pseudonyme de *Castalion*; mais ce personnage célèbre naquit, non point en Dauphiné, comme quelques-uns l'ont cru, mais à Saint-Martin-du-Fresne, près de Nantua, et sa famille sortait de Châtillon-lès-Dombes, en Bresse.

Chambeau (ANTOINE)

D'abord pasteur, puis prêtre.

Les Colonnes de l'Eucharistie inébranlables aux attaques de leurs adversaires.... par Ant. Chambeau, prestre...., cy-devant Ministre de la R. P. R.; Grenoble, 1683. in-12, 56 p.

Chamier (DANIEL I)

Né au château du Mont, près Moras, en 1565. Ecolier à l'Académie de Nimes en 1580, puis régent de quatrième, étudiant à l'Académie de Genève en 1583, professeur au collège d'Uzès en 1585, pasteur aux Vans en 1587, à Bagnols de 1588 à 1591, à Montélimar de 1593 à 1612, à Montauban de 1612 à 1621, année de sa mort ; également professeur de théologie à l'académie de cette dernière ville.

Dispute de la Vocation des Ministres en l'Eglise réformée, contre Jacques Davy, dit du Perron, évesque d'Evreux; La Rochelle, Hierosme Haultin, 1598. in-8°, 330 p.

Danielis Chamierii, Delphinatis, Epistolæ jesuiticæ; genevæ, Petrus de la Rovière. 1599. in-8°, 214 p. ; Ambergæ, 1610, in-8° ; puis à la suite du *Corpus theologicum* cité plus loin.

Traité de la confusion des disputes papistes, etc. ; Genève, François Le Preux. 1600. in-8°, 8 f. et 270 p.

Considérations sur les advertissements de A. Poussan, etc.; (Genève), Pierre de La Rovière. 1600. in-8°, 32 p. + 266 p. et 3 f.

Danielis Chamierii Epistolarum Jesuiticarum pars altera ; (Genevæ), Petrus de La Rovière, 1601. in-8°, 15 et 173 p.

Les Actes de la conférence tenue à Nismes entre Daniel Chamier, Ministre du Sainct Evangile, pasteur de l'église de Montélimar, et Pierre Coton, jésuite, prédicateur audict Nismes, publiez maintenant par ledit Chamier, pour faire voir les faussetez de ceux que Coton a fait imprimer à Lyon par Estienne Tantillon, sous le nom de D. Domezal; Genève, Gabriel Cartier, 1601, in-8°, 256 p.

Relation de la conférence d'Allan entre Daniel Chamier, Ministre du Sainct Évangile, et Jacques Gaultier, jésuite; (1601). Non retrouvée.

Danielis Chamierii, Delphinalis, de œcumenico Pontifice disputatio Scholastica et Theologica, libris VI distincta, etc.; Genevæ, 1601, in-8°, 8 f. et 897 p.

Livre contre le R. P. Suarez, observantin portugais, et depuis évêque de Saïs, 1602. Non retrouvé.

Les actes de la dispute d'Ambrun entre M. Daniel Chamier, Ministre de la Parole de Dieu en l'Eglise réformée de Montélimard, et M. Fenouillet, soy disant theologal de Gap; s. l., 1603, in-8°, 53 p.

Raccourcy de la dispute de Meysse (1606), in-12, 64 p. Non retrouvé.

Actes de la conférence tenue à Saint-Marcellin au mois d'avril 1606, publiez par Daniel Chamier, pasteur de Montélimar (le reste manque à l'exemplaire que nous avons eu sous les yeux), 139 p., in-12. — Cette conférence eut lieu avec Tolosany, abbé de Saint-Antoine.

Danielis Chamieri Delphinalis Ecclesiæ apud Acusios Pastoris Disputatio Tricastrensis; Genevæ, Nicolaus de Portes, 1610, in-32, 160 p.

La honte de Babylone, 1re partie, s. l., 1612, in-8°.

La Jésuitomannie, ou les Actes de la Dispute de Lectoure, publiés par Daniel Chamier Daufinois, etc.: Montauban, Héritiers de Denys Haultin, 1618, in-8°, 4 f. et 248 p.

MILECHAMOTH (1). — *Dan. Chamieri Delphinalis Panstatriæ Catholicæ controversiarum de religione adversus Pontificios corpus, etc.*; Genevæ, Roverianus, 1626, 4 vol. in-fol. — Francfurti ad Mœnum, 1627, 4 vol. in-fol. — Complété par Alstod; Strasbourg, 1629, 5 vol. in-fol. — Abrégé par Spanheim sous ce titre: *Chamierus contractus, sive Panstratiæ catholicæ... Epito-*

---

(1) En caractères hébreux dans le texte.

me, in quo corpus controversiarum super religione adversus Pontificios, in IV tomos antehac distributum, servata authoris methodo, ordine nervis, pene etiam verbis, uno volumine lectori compendio exhibatur; Genevæ, Jacobus Chouët, 1642 in-fol., 1578 p. et 56 f., in-fol., et 45 id.

Danielis Chamieri, summi Theologi, corpus Theologicum, seu loci communes theologici Prælectionibus publicis in Academia Montalbanensi per decem annorum curiculum dictati, etc.; Genevæ, Sam. Chouet, 1653, in-fol., 27 f., 435 p. et 14 f. — Publié par son fils Chamier (Adrien II).

Journal du royage de M. Chamier en 1607 (à Paris), dans le *Bulletin de la Société de l'hist. du prot. franç.,* 1854, p. 297 à 320 et 430 à 445 ; et dans Charles Read, *Daniel Chamier,* Paris, 1858, p. 25 à 64.

MANUSCRIT :

Grammatica hebraïca Danielis Chamieri, Delphinasis, 1615, in-4°, 312 p. (Bibl. de Metz).

Chamier (ADRIEN II)

Fils du précédent. Pasteur à Manas et à Saou de 1614 à 1616, à Livron de 1616 à 1617, à Montélimar de 1617 à 1671, année de sa mort.

Editeur du *Corpus theologicum* de son père. Voyez *Chamier* (Daniel I).

MANUSCRITS :

Remarques sur les sermons qui ont esté faicts par MM. les Jésuites au temps du synode de Montélimar, in-4°.

Examen des deux religions.

Ces deux ouvrages sont conservés dans les archives de la famille Chamier, en Angleterre.

Chamier (DANIEL II)

Fils du précédent. Né en 1628. Pasteur à Pierregourde en Vivarais en 1654, à Beaumont-lès-Valence de 1655 à 1671, à Montélimar de 1671 à 1676, année de sa mort.

Les victoires imaginaires du sieur Féron, représentées en douze lettres écrites à un habitant de Valence ; Orange, Ed. Raban, 1658, in-8°, 12 f. et 342 p.

Chion (ELIE)

Pasteur à Saint-Marcellin de 1559 à 1660, à Gap de 1660 à 1677, année de sa mort.

MANUSCRIT :

Défense de la réponse faite à un écrit ayant pour titre : DE LA RÉALITÉ DU SAINT-SACREMENT, *opposé à la réfutation que l'on a entrepris d'en faire ;* in-4°. Bibliothèque de feu le docteur Long, de Die. — Cette défense avait été vraisemblablement imprimée et composée par Elie Chion.

Chiron (JEAN-ABRAHAM) dit de Châteauneuf

Né à Genève. Précepteur à Rolle. Reçu ministre en 1768. Suffragant de divers pasteurs en Suisse. Pasteur à Annonay de 1773 à 1787, à Beaumont-lès-Valence de 1787 à 1812. Maire de cette dernière localité pendant la Révolution.

Nouveau formulaire pour recevoir les catéchumènes ; Valence, J.-J. Viret, l'an VII républicain, in-8°, 46 p.

Cholier (ISAAC)

Pasteur à Serres, en 1622, par intérim ; à Venterol, de 1622 à 1626 ; à Montbrun, en 1630 ; à Sainte-Euphémie, en 1637 ; à la Motte-Chalancon, en 1649 ; à Serres, de 1657 à 1659.

La Divinité des Ecritures. Non retrouvé.

Clément (DAVID)

Né dans le Valcluson. Pasteur à Pragela vers 1675. Pasteur de la colonie française de Hof-Geismar, dans la Hesse, jusqu'à sa mort, survenue le 29 janvier 1725.

Sermons imprimés à Cassel (A nous inconnus).

Colignon (ABRAHAM)

Né à Die. Pasteur à Chorges de 1617 à 1619, dans le Vercors de 1619 à 1622, à Gap, par intérim en 1620, à Barraux en 1626, à Mens en 1628.

Timothée, ou de la manière de bien honorer Dieu. Traité de la vraye piété, sa doctrine et pratique, contre les impostures et la malice des impietez du siècle. Plus deux traitez : Iº Des combats de la chair contre l'esprit ; IIº Deux sermons de l'espreuve soi-même ; Genève, 1628, in-8º. Nouvelle édition, Genève, 1635, in-8º, contenant en outre : *Héraclite ou de la vanité et misère de la vie humaine* (dédié à Marc Vulson, conseiller au parlement de Grenoble).

Coct (ANÉMOND DE)

Seigneur du Chastelard en Gapençais, chevalier de Rhodes, fils de Hugues de Coct, auditeur à la Cour des Comptes de Grenoble. Réfugié en Allemagne en 1523, mort jeune, à Schaffouse, le 19 ou 20 mars 1525.

Anemundus Coctus Eques Gallus pio Lectori, dans *Evangelici in Minoritarum Regulam commentarii. F.* Lamberto, autore ; Wittembergæ, 1523, in-8º.

Anemundus Coctus Eques Gallus pio Lectori ; Tiguri, Froschower, 1524, in-8º.

Gulielmo Farello Anemundus Coctus, dans Herminjard, *Correspondance des Réformateurs,* t. I, p. 280.

Anémond du Chastelard à Farel, dans *Idem,* t. I, p. 304.

Guillielmo Farello Anemundus Coctus, dans *Idem,* t. I, p. 308.

Anémond de Coct à G. Farel, dans *Idem,* t. I, p. 326.

Corbières (LOUIS DE)

Né à Livron.

Traduction françoise de la Chiromancie latine d'Antiochus Tybertus, rédigée en art. l'an 1583. Non retrouvé.

Crégut (Antoine)

Né à Uzès. Pasteur à Montélimar de 1637 à 1651 ; professeur à l'Académie de Die de 1651 à 1664. Passé en Hollande à cette dernière date. Professeur de théologie à Heidelberg de 1679 à 1681, année de sa mort.

Apologie pour le décret du Synode national de Charenton (1645), qui admet les Luthériens à notre communion, etc.; Orange, 1650, in-8º, 268 p. Traduit en latin dans Durœns et Melletus, *Sindromum Irenicum* (Hanoviœ, 1664, in-8º) sous le titre de : *Creguti Syncretismus.*

Theses theologicœ de prœdestinatione quas spirante divini Spiritus aura sub Prœsidio clarissimi et doctissimi viri D. D. Antonii Creguti S. S. Theologiœ in illustrissima Academia Eccl. Ref. Galliœ apud Dienses authoritate regia constituta, etc. Diœ, Aug. Voc., 1655, in-12, 99 p.

Theses theologiœ de Decretis divinis in genere quas spirante divini Spiritus aura sub Prœsidio vidi clarissimi et doctissimi D. D. Antonii Creguti S. S. Theologiœ, etc.; Diœ, Aug. Vocont., 1655, in-12, 50 p.

Réfutation de deux lettres du sieur Calemard, jésuite, par lesquelles il prétendait de prouver l'existence actuelle et possible du corps de Jésus-Christ en plusieurs lieux; Diœ, 1660, in-8º, 56 p.

Birrim, hoc est elucidationes de Apicibus sacris theologiœ, ad quos agressus fit a doctrina de peccato originali et libero arbitrio, progressus per illam de gratia in genere et per omnes gradus beneficiorum gratiœ; ingressus tandem in paradisum et gloriam per doctrinam de justificatione; Diœ, Augustœ Vocontiorum, Ezech Benedictus, 1660, in-4º, xv et 714 p.

GUILJ-RAZIN (1) *Hoc est Revelator Arcanorum ubi illustriora quœvis ac difficiliora Scripturœ oracula nova*

---

methodo didacticé ac elenchticé enucleantur, quæ in Pentateucho continentur. etc., Genevæ, 1661, in-4°. XXVI et 1040 p., plus 22 p. de table. — Quelques exemplaires portent un titre un peu différent.

Apologia necessaria non minus quam æquissima A. Cregutii contra accusationem improvisam, inexpectatam et iniquam Fr. Spanhemii; Amstelodami, 1678, in-8°, 48 p.

Exercitatio de sufficientia et efficacia mortis Christi. Non retrouvé.

Cours de théologie en latin *(idem)*.

Traité du franc arbitre *(idem)*.

Ces deux derniers ouvrages, attribués par Guy-Allard à Crégut, paraissent plutôt avoir été écrit par Sharp. Voyéz ce nom.

Crespe (JACQUES)

Né au Puy en Velay (1), vers 1586. Professeur catholique; puis pasteur à Crest, en 1611. Retourné, peu après, au catholicisme, puis redevenu protestant et professeur de théologie à Lausanne, en 1644; mort en 1653.

Lettre déclaratoire de Me Jacques Crespe, n'aguéres ministre en l'Eglise prétendue réformée, depuis réduit à la foy catholique, apostolique et romaine... A Messieurs les prétendus réformez de la ville de Crest en Dauphiné; Lyon, 1615, in-8°, 28 p.

Traité contre le culte des images. Non retrouvé.

Declaratio fidei Jacobi Crespei; Bernæ, 1644, in-4°

Cresson (BENJAMIN)

Originaire de Bourgogne. Aumônier de Lesdiguières et pasteur, à Grenoble, de 1596 à 1603; prêté à Lyon, en 1601.

De fide. Thèse soutenue à Genéve vers 1581. Non retrouvée.

---

(1) Suivant d'autres, à Aimargues, en Languedoc.

De Christi resurrectione. Idem, idem.

Response aux allégations du P. Cotton, jésuite, où il est monstré que les censures faictes par luy publiquement en ses sermons à Grenoble sur la traduction de la Bible imprimée à Genève, sont nulles; Genève, Est. Gammonet, 1599, in-8°.

Derodon (DAVID)

Né à Die vers 1600. Elève en théologie de l'Académie de cette ville en 1618, puis régent de quatrième à cette même Académie de 1618 à 1619. Congédié à cette dernière date, il passe au catholicisme et se retire au couvent des Jésuites de Vienne. En janvier 1620, il revient à Die, fait amende honorable et est réintégré dans sa chaire. En 1623, il va soutenir deux thèses de philosophie à l'Académie de Sedan, puis on perd ses traces de vue pendant huit ans. En 1631, il passe de nouveau au catholicisme. Redevenu protestant, il est nommé derechef professeur à Die en 1634. En 1640, il va enseigner la même science à l'Université d'Orange et, en 1654, à l'Académie de Nimes. Réfugié à Genève en 1663, il y donne des leçons de philosophie, mais après s'être engagé à ne soutenir aucune proposition contraire à la foi. Il y meurt l'année suivante. Son portrait est conservé à la salle Lullin du palais de l'Université.

Quatre raisons pour lesquelles on doit quitter la Religion prétendue Réformée; Paris, 1631, in-8°.

In Atheos et Dei contemptores tractatus singularis Deiœ, 1638, 63 p. in-12.

La Lumière de la Raison opposée aux ténèbres de l'impiété ou traittez qui démontrent par raisons naturelles: Premièrement qu'il y a un Dieu; Secondement, que l'Ecriture Sainte est Parole de Dieu; Orange, 1647, in-8°, 4 f., 576 p. et 14 f. — Autre édition: Orange, 1654 et 1659, sous ce nouveau titre: *L'Athéisme convaincu: Traité démontrant par raisons naturelles qu'il y a un Dieu.* Edition de Genève, 1665, in-8°, avec le même titre. — Traduction anglaise par J. Bonhomme, Londres, 1679, in-8°.

Disputatio de Supposito, in qua plurima hactenus inaudita de Nestorio tanquam orthodoxo et de Cyrillo Alexandrino, aliis qua Ephesi in Synodum coactis, tanquam hæreticis, demonstrantur, ut solæ Scripturæ infaillibitas asseratur; Francfurti (Orange), 1645, in-8°, 358 p.

Le Tombeau de la Messe; Genève, 1654, in-8°; Idem, 1659, 1660, 1662; Amsterdam, 1682, in-12. — Traduit en anglais, Londres, 1673, in-8°.

Dispute de l'Eucharistie; Genève, 1655, in-8°; Idem, 1665, in-8°, 7 f., 458 p., 10 f.

Apologie; s. l. ni d. (vers 1657). Contre Jean Bon, étudiant à l'Académie de Nimes.

Metaphysica; Arausioni, 1659, in-4°.

Logica restituta; Genevœ, 1659, in-4°.

Disputatio de Atomis; Nemausi, 1661, in-8°; édition augmentée et corrigée; Genevœ, De Tournes, 1662, in-8°.

De existentia Dei; 1661, in-4°.

Disputatio de Ente reali; Nemausi, 1662, in-8°.

Dispute de la Messe ou discours sur ces paroles : Ceci est mon corps; Genève, Philippe Albert, 1662, in-8°, et Nismes, 1662, in-8°.

Disputatio de libertate; Genevœ, 1662, in-8°. — Réimprimé avec la *Disputatio de Atomis;* Nemausi, 1662, in-8°, 157 p. et 72 f.

Compendium Logicæ; Genevœ, Ant. et Sam. de Tournes, 1663, in-8°.

Discours contre l'Astrologie judiciaire; Genève, 1663, in-8°.

Philosophiæ contractæ pars I quæ est Logica; Genevœ, 1664, in-4°; autre édition avec ce titre: *Philosophia contracta;* Genevœ, 1681, in-4°.

Opera philosophica; Genevœ, 1664, in-4°; idem, 1668, 1669, in-4°.

On lui attribue aussi *Les Inconstans;* Genève, 1671, in-8°; mais ce serait un ouvrage posthume.

---

(1) Boissier, *l'Université de Bologne.*

Des Adrets (FRANÇOIS DE BEAUMONT BARON)

Né vers 1512, au château de La Frette, canton du Touvet (Isère) ; mort dans le même lieu en 1589.

Vingt-quatre *Lettres, Ordonnances, Déclarations, Procurations, Mémoires* ou *Quittances*, dans Brisard, *Histoire du baron des Adrets;* Valence, 1890, in-4°. — Plusieurs de ces pièces ont paru dans d'autres ouvrages, qu'il serait trop long d'énumérer.

Dorbet (ANTOINE)

Pasteur de Grenoble en 1660. Peut-être seulement originaire de Grenoble.

Récréations littéraires et mystérieuses. Recueil de discours de rhétorique, de théologie et de philosophie.

Dumont (GABRIEL)

Né à Crest le 19 août 1680. Pasteur à Leipzig en 1704 et à Rotterdam de 1720 au 1er janvier 1748, date de sa mort. Il professa aussi dans cette ville les langues orientales et l'histoire ecclésiastique. Il faut, vraisemblablement, l'identifier avec Gabriel Dumont, qui remplissait, à Paris, les fonctions de chapelain de l'ambassade des Provinces-Unies, au mois d'avril 1728.

Sermons sur divers textes de l'Ecriture Sainte ; Rotterdam, 1750, in-8°, avec un portrait de l'auteur.

Dissertations dans les *Discours historiques..... sur les événements les plus mémorables du Vieux et du Nouveau Testament,* par Jacques Saurin, pasteur à Rotterdam.

Autres *Dissertations* insérées dans l'*Histoire critique de la République des Lettres,* par Samuël Masson, pasteur Dordrecht.

Dumoulin (PIERRE)

Né en 1568. Co-recteur d'un collège de Leyde (Hollande). en 1592, pasteur à Paris de 1598 à 1621, professeur de

théologie à Sedan de 1621 à 1624, pasteur d'une
église française de Londres de 1624 à 1625, derechef
à Paris de 1625 à 1628; réfugié à La Haye à cette dernière date; de nouveau professeur à Sedan, où il
mourut le 10 mars 1658.

*Dialogues rustiques d'un prestre de village, d'un
berger, le censier et sa femme. Tres utile pour ceux
qui demeurent és pays où ils n'ont le moyen d'estre
instruits par la Prédication de la Parole de Dieu.*
Revu et corrigé de nouveau; Dié, 1614, in-8°. — Autres
éditions : Charenton, 1627, in-8°; Berlin, 1704, in-12;
Rotterdam, 1711, in-12 ; etc.

Du Piotay (DAVID)

Né à Genève et pasteur à Lyon en 1601, à Moustier
(principauté de Neuchâtel) en 1602, à Gex de 1604 à
1609 et député au Synode national de La Rochelle
en 1607; à Gap, de 1614 à 1624.

Paraphrases poétiques des Proverbes de Salomon;
Gex, 1609, in-12.

MANUSCRIT.

*Recueil de la Discipline ecclésiastique et des Synodes
nationaux tenus en France par les Eglises réformées,
depuis l'an 1559 jusques à l'an 1608, distingué en
trois parties, desquelles la 1re contient les observations
sur la Confession de foy des dites Eglises: la 2e, la
Conférence, canons et décisions desdits Discipline et
Synodes concernant la Discipline ecclésiastique; la 3e,
les livres condamnez ou supprimez par les dits Synodes. Présenté au Synode provincial de Bourgogne,
assemblé à Chaslons-sur-Saône, le 1er mai 1608* (Bibl.
publ. de Genève.)

Du Piotay (DANIEL)

Fils du précédent. Pasteur à Chorges de 1619 à 1622,
à Molines en 1626.

MANUSCRIT.

*Compilation des Canons, des Synodes nationaux et
de la Discipline ecclésiastique.* Non retrouvé, et peut-

être le même travail que celui de son père, mais continué.

Dupuy (PAUL)
Voyez **Garcin.**

Durand (DAVID)

Né à Briançon, proposant et régent du collège de Die, puis régent des écoles de Nyons. Passé au catholicisme en 1625.

Déclaration de M. David Durand, Dauphinois, jadis proposant et dogmatisant en la Religion calvinique, et régent du collège de Die et escoles de Nions, touchant sa conversion à la foy catholique; Grenoble, 1625, in-8°, 21 et 3 p.

Espagne (JEAN D')

Né à Mizoën en 1591. Pasteur à la Grave, de 1612 à 1613; à Crest, de 1613 à 1614; à Orange, de 1614 à 1620; à La Haye, de 1620 à 1629; à Londres, de 1629 à 1636; à Orange, en visite, de 1636 à 1637; à Londres, comme chapelain de Benjamin de Rohan de Soubize, de 1637 à 1642; pasteur de l'église française de Westminster-House, puis de la chapelle de Glattenburg en Sommerset. Mort le 25 avril 1659.

Traité des Anciennes Cérémonies ou Histoire contenant leur naissance et accroissement, leur entrée en l'Eglise et par quels degrez elles ont passé jusques à la superstition; (La Haye), Arnoult Meuris, 1629, in-12, non paginé.

Anti-Duel, the Anatomie, of duells the symptomes thereof; London, 1632, in-4°.

Les Erreurs populaires ès poincts generaux qui concernent l'intelligence de la Religion; La Haye, Théodore Maire, 1639, in-12, 4 f., 204 p., 4 f.; Charenton, Melchior Montdières, 1643, in-12, 4 f., 232 p., 5 f.; Middelbourg, Jean Misson, 1662, in-12, 9 f., 201 p.; Genève, 1671, in-12. – Traduit en anglais, London, 1648, in-8°.

La Manducation du corps de Christ considérée en ses

principes; La Haye, 1640, in-8°; Charenton, Melchior Montdières, 1642, in-12, 6 f., 169 p., 11 p. — Traduit en anglais, London, 1646, in-12; *Idem*, 1702, in-8°.

L'usage de l'Oraison dominicale maintenu contre les objections des Innovateurs de ce temps; Londres, 1646, in-12. — Traduit en anglais, London, 1646, in-12; Idem, 1702, in-8°.

Nouvelles Observations sur le Symbole de la foy ou Première des quatre parties de la Doctrine chrétienne; Londres, Th. Whitaker, 1647, in-8°. — Traduit en anglais avec le précédent, sous ce titre : « On the Creed and Lords Prayer »; London, 1647, in-8°.

Sermon funèbre de J. d'Espagne sur la mort de sa femme, prononcé le 31 octobre; Londres, 1647, in-8°; autre édition sous ce titre : *Sermon sur Genèse, chapitre 23, vers. 1 et 2. Prononcé à Londres. Jouxte la copie imprimée à Londres,* et se vend à Charenton, Melchior Montdière, demeurant à Paris, rue de la Calande, 1648, in-12, 32 p.

Avertissement touchant la fraction et la distribution du pain dans la Sainte Cène; Londres, 1648, in-8°. — Traduit en anglais.

An Abridgment of a Sermon preached on the Fastday, appointed to be hold the good success of the treaty that was shortly to ensue between the king and the parliament; London, 1648, in-12.

Nouvelles observations sur le Decalogue ou Seconde des quatre parties de la Doctrine chrétienne, prêchées sur le Catéchisme; Londres, Whitaker, 1649, in-12.

Observations on the Decalogue; London, 1652, in-12. — Parait être la traduction de l'écrit précédent.

Considération représentée en un Sermon, le 28 mars 1652, sur le sujet de l'Eclipse qui advint le lendemain; London, 1652, in-12.

Shibboleth ou Reformation de quelques passages ès versions françoise et angloise de la Bible; Correction de diverses opinions communes, peintures historiques et autres matières: Londres, 1653, in-12; Genève, 1671, in-12, 6 f., 132 p.; Middelbourg, Jean Misson, 1672, in-12, 8 f., 132 p. — Traduit en anglais par Codrington ; London, 1655, in-8°.

Amica et extemporanea collatio inter clarissimum judœum Rabbi Menasseh ben Israel et Joann. Despagne, Novi Testamenti Ministrum, habita die Maï, 1656.

Essay des Merveilles de Dieu en l'harmonie des temps qui ont précédé les jours de Christ, et comme ils se rencontrent en luy, sa Généalogie, et autres mystères préparatoires à son premier Advénement (2e partie); Londres, Olivier de Varennes, 1658, in-8º, 5 f., 151 p. — Traduit en anglais, London, 1682, in-8º.

Première partie de l'Essay et réimpression de la deuxième; Genève, 1672, 2 vol. in-12.

Examen de XVII Maximes judaïques, ensemble un Advertissement préparatoire à la Réfutation de certains calomniateurs ennemis de l'Harmonie; Londres, 1657, in-8º. — Traduit en anglais, London, 1682, in-8º.

Lettre de M. Despagne, ministre du Saint Evangile, dans laquelle il justifie la vérité de cet Oracle de saint Paul (1 Cor. 1, 15), que Christ a esté fait les Premices des Dormans et qu'Eutiche est veritablement ressuscité. Date inconnue.

Exemples des jours qui ont esté Fataux en Bien et en Mal en diverses années aux Rois, aux Royaumes, aux Gouverneurs, aux Nations et à l'Eglise. Date inconnue.

Sermon sur la mort de Philippe, comte de Pembroke (23 janvier 1651).

Abrégé de deux Sermons qui ont précédé l'ordination d'un pasteur (Théodore Crespin) *en l'Eglise françoise de Cantorbéry* (5 mai 1650).

La Charité du Parlement d'Angleterre envers l'Eglise françoise, recueillie en la Chapelle de Sommerset. Avant 1653.

Abrégé de ce qui a esté presché au sujet de l'Eclipse de Soleil advenue le 2 aoust 1654.

RECUEILS D'ŒUVRES DE J. D'ESPAGNE.

Sermon sur la mort... Abrégé de deux Sermons... La Charité du Parlement... Abrégé de ce qui a esté presché... Sermon funèbre... Traduction française de *An Abridgment...* et *Considération représentée...* (Cités précédemment); Genève, 1671, in-12.

Neuf Sermons sur divers sujets, avec les questions faites à un Prosélyte musulman: Genève, 1671, in-12.

Quatre petits traittez, scavoir: I. L'usage de l'Oraison dominicale; II. Lettre où est justifié que Christ est les Prémices des Dormans, et qu'Eutyche est vrayment ressuscité; III. Exemples des jours Fataux en bien ou en mal; IV. Conférence en latin avec Menasseh Ben Israël, Rabbin (cités précédemment): Genève, 1671, in-12.

Les Œuvres de Jean Despagne, ministre du Saint Evangile en l'Eglise françoise de Londres, au quartier de Westminster. Dirisée en trois tomes comme il se roid dans la Table: Genève, J. Ant. et Sam. de Tournes, 2 t. in-12; La Haye, Arn. Leers, 2 t. in-12; Berlin, 1673, 2 t. in-12; Zell, 1699, 2 t. in-12. — Traduit en allemand par Hoffmann, Francfürt am Mein, 1724, 2 t. in-12.

Eustache (DAVID)

Né dans l'Oisans, pasteur à Corps en 1622, à La Terrasse en 1626, à La Mure de 1626 à 1637 (prêté à Die en 1630 et 1632), à Die de 1638 à 1641 (prêté à Montpellier en 1639 et 1640), à Montpellier de 1642 à 1661.
Actes de la Conférence tenue au Périer le 5 febvrier 1626; Genève, 1626, in-8°.

« Petit escrit » réfuté par le curé Barruel Didier 1627. Non retrouvé.

Response d'Eustache à Scipion de Sabran, prieur de Sainte-Croix, en « feuilles volantes », 1627 ou 1628. Non retrouvé.

Défaut de la Foy catholique ou preuves des principaux poincts de la Religion chrestienne, controversez en ce siècle par textes exprès de la Bible de l'Eglise romaine et par les anciens Docteurs, opposées à un livre intitulé, IMPRIMÉ VÉRITABLE, *etc., contenant infinies Absurditez, colomnies, digressions et confusions sur le faict de la Religion;* Genève, P. Aubert, 1628, in-8°, XIV p., 423 p.

Actes de la Conférence tenue à Aspres-les-Corps

entre David Eustache, ministre du Sainct Evangile, et Alexandre Fichet, jésuite (Genève, Planchant, 1636). Non retrouvé.

« Papier volant, Presche, Premier Almanach, Trois Livres », publiés par Eustache en Response à un Escrit de Fichet relatif à la mesme Conférence (1636). Non retrouvé.

Le Triomphe de l'Eglise opposé au livre de Fichet, jésuite, intitulé, LA VICTOIRE DE L'EGLISE, *etc., divisé en deux traittés, etc.;* s. l., 1639, in-8º, 149 p.

La Victoire de Foy contre le Monde, représenté par un rare exemple en la profession de nostre Religion ; Genève, 1647, in-8º.

Sermon sur les Paroles du Chapitre xxvj. de S. Matth., verset xxvj, Ceci est mon Corps; Genève, 1648, in-12, 63 p.; Charenton, Loys Vendosme, in-8º, 88 p.

Response à la demande que Rome nous faict où était vostre Eglise avant Luther, et quels estoient ses Pasteurs ; Genève, 1648, in-8º, XIV p., 508 p.; *Idem,* 1649, 8 f., 506 p.

Conférence entre D. Eustache, Ministre du Sainct Evangile, et Richard Mercier, jésuite, sur le subject de l'Eucharistie ; Genève, 1649, in-12, 99 p.

Sermon sur les Paroles du Chapitre XXVI de Sainct Matthieu, avec la Response au Livre que le Sr. Richard Mercier, jésuite, a publié sur l'Eucharistie, où il examine particulièrement ledict Sermon ; Orange, 1649, in-8º, XXX p., 138 p.

Anatomie du Livre publié par le Sr. Mercier, jésuite, intitulé, CENT FAUSSETEZ, CONTRADICTIONS, *etc.;* Orange, 1650, in-8º, 64 p.

Sermon sur la Passion de Jésus-Christ. Prononcé à Montpellier ; Charenton, Loys Vendosme, 1650, in-8º, 43 p.

Du poinct de la position d'un Corps en plusieurs lieux à la fois par la puissance de Dieu; du Corps de Jésus-Christ, si, selon l'Escriture Saincte, il est en plusieurs lieux à la fois, contre ce que le Sr. Mercier, jésuite, dit dans son livre intitulé, EXAMEN, *etc. Remarques sur le livre que le mesme a publié sous le titre de* REFLEXIONS, *etc.;* Orange, 1651, in-8º, 13 f., 263 p.

Response à la demande que Rome nous faict.....
(comme plus haut). *Traitté deuxième. Remonstrance à
Messieurs de l'Eglise romaine, sur ce qu'ils ne sau-
roient faire voir. selon leur doctrine, où est leur
Eglise, qu'elle ne peut pas errer en la Foy;* Genève.
1652, in-8°, 8 f., 523 p., 5 p.

*Remèdes salutaires contre nostre séparation d'avec
Dieu, la défiance de la chair et la vanité du monde,
compris en trois Sermons prononcez à Montpellier;*
Sedan, 1655, in-8°, vi et 162 p.

*Response à l'Escrit du Sr Meynier, jésuite, inti
tulé :* DÉMONSTRATION DE LA VÉRITÉ DE L'EGLISE RO-
MAINE, *etc., où est réfuté ce qu'il allègue de nostre
prétendu retour dans son Eglise. Avec cinquante Demandes qui luy sont faictes;* Genève, Pierre Chouet,
1657, in-8°, 18 f. et 168 p.

Réfutation du libelle du sieur Meynier, jésuite, LE
FRONTISPICE DU PALAIS DU SIEUR EUSTACHE ; Orange,
1657, in-12.

*Sermon sur le Chapitre douzième de l'Ecclésiaste.
verset 9. Prononcé à Charenton, le huitième febvrier
mil six cent soixante;* Charenton, Loys Vendosme.
1660, in-8°, 44 p.; Genève, Pierre Chouet, 1660, 6 f.,
42 p.

*Lettre escrite à Sa Majesté par le Synode national,
convoqué à Loudun le 10. novembre 1659. Avec la
Response de Sa Majesté. Ensemble, les Harangues
faites par M. Eustache et de Mirabel, depulez à Sa
Majesté par le dit Synode;* Paris, Loys Vendosme.
1660, in-8°, 24 p.

*Action de graces avec des vœux et des prières
adressées à Dieu sur la naissance de Monseigneur
le Dauphin. Prononcé à Montpellier, le 12 novembre
1661;* Nismes, Edouard Raban, 1661, in-12.

*La Souveraineté des Rois, ou Sermon sur le verset
huitième de l'Epistre de sainct Jude;* Nismes, Edouard
Raban, 1652, in-12.

Attribué à Eustache par Chalvet :

*L'orateur Tertulle convaincu, ou Response à la Ha-
rangue séditieuse, qu'on suppose avoir esté faite à la*

Reine, par les sages de nostre Religion, à son entrée dans les Villes de son Royaume; s. l. 1561 (1661), 55 p., in-8º.

Eymin.

Voyez **Aymin.**

Farel (GUILLAUME)

Né à Gap en 1489. Régent (ou professeur) au collège du Cardinal Lemoine, à Paris, vers 1516; réfugié à Meaux vers 1521, à Gap en 1522, à Bâle, Strasbourg et Montbéliard, de 1523 à 1524; à Strasbourg de rechef, de 1524 à 1526; établi en Suisse de 1527 à 1542; en séjour à Metz en 1542; fixé définitivement à Neuchâtel de 1542 au 13 septembre 1565, année de sa mort; visite en Dauphiné de 1561 à 1562.

Themata quædam latine et germanice proposita; Basileœ et Bernœ, 1528.

Libellus de Parisensibus et Pontifice, 1524.

Traicté sur l'Oraison dominicale (Basle), 1524. — La première partie de la Préface a été reproduite dans *Bresve Admonition de la Manière de Prier* (Paris, 1524 ou 1525); et, la Préface entière dans *Du Vray usage de la Croix;* Genève, 1865, in-8º, p. 159 à 161.

Summaire et briefve Declaration d'aulcuns lieux fort necessaires à ung chascun chrestien, pour mettre sa confiance en Dieu et ayder son prochain, 1524 ou 1525. — Réimprimé à Neuchatel en 1534, 1537, 1542; à Genève (par Jean Gérard), en 1552, in-8º, augmenté; *Idem,* par J.-G. Fick, 1867, in-8º; et en grande partie dans *Du Vray usage de la Croix,* cité plus haut, p. 206 à 241.

A tous Seigneurs, et peuples et pasteurs à qui le Seigneur m'a donné accès, qui m'ont aidé et assisté en l'œuvre de nostre Seigneur Jésus, et envers lesquels Dieu s'est servy de moy en la prédication de son sainct Evangile, grace, paix et salut vous soient donnés, 1530, de Morat. — Reproduit en grande partie dans Ruchat, *Histoire de la Réformation,* édition Vulliemin, t. II, p. 528 à 542.

La maniere et fasson qu'on tient en baillant le sainct baptesme en la saincte congrégation de Dieu : et en espousant ceulx qui viennent au sainct mariage, et à la saincte Cene de nostre Seigneur, es lieux lesquels Dieu de sa grâce a visité, faisant que selon sa saincte Parole ce qu'il a deffendu en son eglise soit rejette, et ce qu'il a commande soit tenu. Aussi la maniere comment la predication commence, moyenne et finit, avec les prieres et exhortations quon faict à tous et pour tous, et de la visitation des malades. A la fin du livre : *Imprimé par Pierre de Vingle à Neufchastel le* XXIX *jour Daoust. Lan 1533;* 44 f., petit in-8°. — Réimprimé par Jehan Michel à Genève en 1538 et par G. Baum, Strasbourg et Paris, 1859, in-16.

Traicté du Purgatoire. Imprimé à la suite du *Summaire et briefve declaration*, citée plus haut, édition de 1534. — Réimprimé en 1543, in-12.

Lettres certaines d'aulcuns grandz troubles et tumultes, advenuz a Geneve, avec la Disputation faicte l'an 1534, etc. (Neûchatel, mai 1535), in-8°. — Réimprimé avec une traduction latine par François Manget, sous ce titre : *Dispute tenue à Geneve l'an M. D. XXXIV. Les entre-Parleurs estant le Moine Dominicain, Guy Furbiti.... et un Prescheur du S. Evangile.....* : Genève, Jacques de la Pierre, 1644, in-8°. 9 f. et 189 p.

Le Recueil et Conclusion faicte sur les articles disputez en la disputation publique faicte à Genève, commençant le trenteiesme jour de May mil cinq cens trente cinq et finissant le vingt quatreisme juing au dict an, dans *Un opuscule inedit de Farel,* publié par Théophile Dufour ; Genève 1885, in-8°, p. 19-42.

Epistre envoyée au Duc de Lorraine ; Genève, Jean Girard, 1543, in-12 ; *Idem,* 1545, in-8°.

Une Epistre de Maistre Pierre Caroly, docteur de la Sorbonne de Paris, faicte en forme de deffiance et envoiée à Maistre G. Farel, serviteur de J. Chr. et de son eglise, avec la Responce ; Genève, J. Girard, 1543, in-8°.

La seconde Epistre envoyée au Docteur P. Caroly par G. Farel, prescheur de l'Evangile ; Genève, J. Girard, 1543, in-8°.

La tres saincte Oraison que N.-S. J.-Ch. a baillé à ses Apostres, avec un recueil d'aulcuns passages de la Saincte Escripture, faict en manière de prière; Genève, 1543, in-12.

Epistre exhortatoire à tous ceux qui ont congnoissance de l'Evangile: les admonestant de cheminer purement et vivre selon iceluy, glorifiant Dieu, et édifiant le prochain par parolles, et par œuvres et saincte Conversation; s. l. 1544, in-16, 64 p.

Epistre envoyée aux Reliques de la dissipation horrible de l'Antechrist; s. l., 1544, in-12.

A tous ceulx qui aiment et désirent ouïr la Saincte Parole de Dieu; s. l., 1544.

Forme d'oraison pour demander à Dieu la saincte prédication de l'Evangile et le vray et droict usage des sacrements; Genève, 1545, in 8°. — Réimprimé dans *Du Vray usage de la Croix* cité plus haut, p. 278-288.

Aux Eglises de nostre Seigneur, et à tous Chrestiens, pour avoir aide et confort en la necessité et famine de la Parole de Dieu; (Neuchâtel, 1545), in-8°. — Réimprimé dans Crespin, *Histoire des Martyrs,* éd. de 1619, fol. 166-167, et dans *Du Vray usage de la Croix,* cité plus haut, p. 272 à 277.

A tous cœurs affamez du desir de la prédication du Sainct Evangile, et du vray usage des Sacremens; Neufchastel, 11 janvier 1545. — Réimprimé dans Crespin, *Histoire des Martyrs* citée plus haut, fol. 164 à 166 et dans *Du Vray usage de la Croix* cité plus haut, p. 242 à 271.

Le glaive de la Parole veritable, tiré contre le Bouclier de défense: duquel un Cordelier Libertin s'est voulu servir, pour approuver ses fausses et damnables opinions; Genève, J. Girard, 1550, in-8°, 7 f. et 488 p. — La Préface réimprimée dans *Du Vray usage de la Croix* cité plus haut, p. 289 à 298.

De la Saincte Cene de Nostre Seigneur Jésus et de son Testament confirmé par sa mort et passion; (Genève), J. Crespin, 1553, in-8°.

Du Vray usage de la Croix de Jesus Christ, et de l'abus de l'idolastrie commise autour d'icelle: et de l'authorité de la Parole de Dieu, et des traditions hu-

maines. Avec un Advertissement de Pierre Viret, touchant l'idolatrie et les empeschemens qu'elle baille au salut des hommes; (Genève). J. Rivery, 1590, in-8°, 20 f. et 254 p. — Réimprimé par J. Guillaume Fick, comme on l'a vu plus haut.

Testament de Guillaume Farel, 1553, 15 mars, à Genève; dans Du Vray usage de la Croix, p. 299-303.

Cent sept Lettres de Farel à divers, dans Herminjard, Correspondance des Réformateurs dans les pays de langue française; Genève, Bâle et Lyon, 1866 à 1886. 6 t. in-8° (se continue).

Faubert (Martin)

Pasteur à Taulignan de 1611 à 1612, à Veynes de 1612 à 1619, à Baurières de 1620 à 1623.

De l'Ame raisonnable. Il n'est pas certain que ce livre ait été imprimé.

Ferrari (Jean-Baptiste)

Né à Milan. Professeur d'hébreu à l'Académie protestante de Die de 1611 à 1616. Retourné au catholicisme.

La conversion du sieur Ferrarius, professeur ès langues estrangeres, hebraïque, chaldaïque et syriaque, à la foy catholique, apostolique et romaine, adressé aux Ministres de la Religion pretendüe Reformée de Dauphiné, aux Recteur, Professeurs et Régens de leur collége de Dye; Paris, 1616, in-12, 16 p.

Figon (Jean)

Né à Montélimar. Pasteur à Eschery (pays Messin) en 1561, dans le Viennois en 1562 et 1565, derechef dans le pays Messin, notamment à Badon-Villers. Mort après 1584.

Le poëtique trophée de Jean Figon, dauphinois; Tholose, Guion Boudeville, 1556, in-8°.

La Course d'Atalante et la Victoire d'Hippomeine; Tholose, Guion Boudeville, 1558, 24 p.

Amitié bannie du monde, œuvre faict en forme de Dialogue, par Cyre Theodore, poëte grec : et depuis traduict en vers françois par Jean Figon, de Montelimar en Dauphiné; Lyon, Gabriel Cottier, 1559, in-8°, 30 p.

Le moyen d'éviter procès, faict pour l'utilité de marchands et autres négociateurs, au Seigneur Josserand de Monts, gentilhomme Dauphinois; Lyon, B. Rigaud, 1574, in-8°.

Peregrination de l'enfant vertueux, œuvre contenant le sommaire des disciplines conduisant à plus haute vertu, avec trois chants royaux en prose; Lyon, Arnoullet, 1584, in-16.

Fromment (ANTOINE)

Né dans le Trièves vers 1510, réfugié en Suisse, pasteur à Yvonan, réformateur de Genève de 1533 à 1534, pasteur à Saint-Gervais, puis à Genève en 1552. Quitta peu après le ministère pour embrasser la carrière du notariat, fut banni de Genève en 1562, et y rentra en 1572 avec l'autorisation du Conseil. Année de sa mort inconnue.

Deux Epistres preparatoires aux histoires et actes de Genève; Genève, 1554, in-12.

Les Actes et Gestes merveilleux de la cité de Genève, nouvellement convertie à l'Evangile; faits du temps de leur réformation, et comment ils l'ont reçue; rédigés par escripts ou forme de Chroniques, Annales ou Histoires commençant l'an 1532; Genève, J. Guillaume Fick, 1854, in-8°, XXXIX p., 250 p. CCIX p.

MANUSCRITS :

Sommaire des Chroniques de Bonnivard, 1545.
Sermon faict au Molard, en 1533.
Mémoires sur l'Histoire de la Réformation de Genève.

Gamond (BLANCHE)

Née vers 1665 à Saint-Paul-Trois-Châteaux. Enfermée
pour cause de religion à Grenoble en 1686, puis à
l'hôpital de Valence en 1687, réfugiée la même année
en Suisse, vivait encore en 1700.

*Le récit des persécutions que Blanche Gamon, de
Saint-Paul-Trois-Châteaux, en Dauphiné, âgée d'envi-
ron 21 ans, a endurées pour la querelle de l'Évangile,
ayant dans icelles surmonté touttes tentations par la
grâce et providence de Dieu;* dans *Bullet. de la Soc. de
l'histoire du protestantisme français,* année 1857. —
Publié à part sous le titre de *Une Héroïne protestante.
Récit des persécutions, etc.,* par Théodore Claparède ;
Paris, 1857, in-12. Derechef dans *Deux Héroïnes de la
foi, etc.* Voy. *Terrasson* (Jeanne).

Garcin (JEAN)

Originaire du Vivarais. Pasteur à Abriès, Aiguilles
et Ristolas de 1615 à 1622, à La Terrasse en 1625.
Passé au catholicisme à cette dernière date.

*Déclaration des sieurs Jean Garcin et Paul Dupuy,
Dauphinois, jadis Ministres de la Religion prétendue
Réformée, et maintenant convertis à la Foy Catholique,
Apostolique et Romaine ; Au Roy;* Paris, 1625, 50 p.,
in-8°.

Garcin

Pasteur à Nyons en 1682. Réfugié en Hollande.

Discours sur des matières de piété. Non retrouvé.

Gautier (SÉRAPHIN)

*La Conversion du sieur Séraphin Gautier, natif de
Nantes en Bretagne, jadis moine de l'Ordre de Sainct-
Bernard, Prestre, Prédicateur et Docteur en théologie
au Couvent de Cîteaux en Bourgongne. Suivant la*

Déclaration publique qu'il en a faicte de vive voix en l'Eglise Reformée de Grenoble, le dimanche XXXI de juillet M.DC.XI; Die, 1611, in-8°, 9 p.

Gauthier (Thomas)

Né à Villaret en Valcluson en 1638. Pasteur à Fenestrelles de 1664 à 1679, à Die de 1679 à 1685; pasteur et professeur de théologie à Marbourg. Vivait encore en 1701.

Considérations libres et charitables sur le Recueil des Actes authentiques ramassés par M. Blondel.
Tractatus contra Faverolum, vers 1673.
Theologiæ didacticæ Principia cum porismatibus practicis et controversiarum Elencho; Marburgi, 1701, in-8°.

Gay (Thomas), Gay (Gaspard) et Gay (Antoine), frères

Issus d'une famille originaire d'Orgelet en Franche-Comté. — Thomas, né à Die le 28 mai 1547, mort en août 1586. — Gaspard, né à Die le 8 septembre 1560, mort le 3 juin 1606. — Antoine, né à Die le dernier jour de mai 1571, mort en juin 1653. — Tous les trois suivirent la carrière des armes dans leur jeune âge.

Mémoires des frères Gay, de Die... par Jules Chevalier; Montbéliard, 1888, in-8°, 348 p., plus 5 p. de table.
MANUSCRIT:
Livre de ce qui s'est passé au voyage de Guienne (3ᵉ guerre de religion), avec la figure des villes qui y furent assiégées et prises audit voyage (par Thomas Gay). Non retrouvé.

Gentillet (Innocent)

Avocat à Vienne. Réfugié à Genève en 1572, président de la Chambre mi-partie de Grenoble en 1577; président de la Cour de justice protestante de Die en 1579, mort en 1592.

Commentariorum de Regno et quovis principatu recté et tranquillé administrando, libri tres, in quibus agitur de Concilio, Religione et Politia, quos Princeps quilibet in ditione suâ tueri et observare debet. Adversus Nicolaum Machiavellum Florentinum ; s. l., 1572, in-8°, 6 f., 20 p., 708 p., 6 f.; Genève, 1577, in-8°; 1578, in-16; Argentorati, 1599, in-4°; Ursellis, 1599, in-12; Argentorati, 1630, in-12; Lugduni Batavorum, 1647, in-12, sous ce titre : *De Regno aut quovis Principatu* et la suite; Idem, 1657, in 12. — Traduction française : *Discours sur les moyens de bien gouverner et maintenir en paix un Royaume, ou autre Principauté. Divisez en trois parties, assavoir, du Conseil, de la Religion et de la Police que doit tenir un Prince. Contre Nicolas Machiavel Florentin* ; s. l., 1576, in-8°; 1577, in-8°; 1578, in-8°; 1579, in-8°, 8 f., 636 p., 10 f.; Lausanne, Chiquolle, 1585, in-8°; Leyde, 1609, in-8°. — Traduction anglaise. London, 1605, in-fol.

Remonstrance faicte au Roi Henri III sur le faict des deux édicts donnés à Lyon le 10 sept. et le 13 oct. 1574; touchant la nécessité de la paix et les moyens de la faire avec les dicts deux édicts : Francfurti, 1574, in-8°; Augstein Jason, 1587, in-8°.

Apologia pro Christianis Gallis Religionis Evangelicæ, seu Reformatæ, quâ docetur hujus Religionis fundamenta in Sacra Scriptura jacta esse, ipsamque tum ratione tum antiquis canonibus comprobari : s. l., 1578, in-8°; Genevæ, Jacobus Stoer, 1588, in-12, 24 f., 304 p., 4 f.; Genève, 1598, in-8°. — Traduction française : *Apologie ou Défense pour les Chrestiens de France, qui sont de la Religion Evangélique ou Réformée : satisfaisant à ceux qui ne veulent vivre en paix et concorde avec eux. Par laquelle la pureté d'icelle Religion, és principaux poincts qui sont en différent est clairement monstrée, non seulement par la S. Escriture, et la Raison, mais aussi par les propres Canons du Pape. Au Roy de Navarre*; Genève, 1578, in-8°, 2 f., 196 p., 12 f.; Genève, 1584, in-8°, avec titre plus court; s. l., 1588, in-12, 16 f., 317 p., 5 f.

*La Respublique des Suisses, comprinse en deux li-
vres, contenant le gouvernement de Suisse, l'Estat public des treize cantons, et leurs confederez en général
et en particulier, leurs bailliages et juridictions, l'origine et les conditions de toutes leurs alliances, leurs
batailles, victoires, conquestes..... descrite en latin, par
Josias Simler de Zurich, et nouvellement mise en
françois;* Paris, Jacques Du Puys, 1579, in-8°, 12 f.
467 p., 7 p.; Anvers, Ant. Chopin et Fr. Le Preux,
1577, in-8°, 4e éd., revue et augmentée, s. l., Gabriel
Cartier, 1598, in-8°, 8 f., 391 p., 8 f.

*Examen Concilii Tridentini in quo demonstratur,
in multis articulis hoc Concilium antiquis Conciliis et
Canonibus, Regiæq; authoritati contrarium esse. Dis-
tinctum in V libros. Regi Navarræ dicatum;* Genevæ,
Dionisius Probus et Hel. Viollier, 1586, in-8°; Gorim-
chenii, Corndever, 1678, in-12, 11 f., 404 p., 9 f. — Autre
éd. sous le nom de Joannes Ursinus et avec le titre :
*Concilii Tridentini historia relatio et nullitas, solidè
ex fundamento demonstrata, tum in gratiam Orthodoxæ Ecclesiæ, tum in dedecus et confutationem
maximè jesuitarum, sectæ inter omnes alias Mona-
chorum pessimæ;* Ambergæ, 1615, in-8°. — Traduction
française : *Le Bureau du Concile de Trente : auquel
est monstré qu'en plusieurs poincts iceluy Concile est
contraire aux anciens Conciles et Canons, et à l'autorité du Roy. Divisé en V livres. Au Roy de Navarre;*
(Genève), Preud'homme, 1586, in-12, 4 f., 382 p., 15 p.;
Genève, Elie Vioillier, 1586, in-8°. — Autre traduction
française sous ce titre : *Révision du Concile de Trente;*
s. l., 1600, in-8°. — Traduction allemande, Bâle, 1587,
in-8°.

Sur les autres écrits attribués à tort à Gentillet,
voy. *La France protestante,* t. V, p. 248. (Nouv. édit.).

Gilbert (Louis de), sieur de SALLIÈRES

Né à Die. Pasteur au Pradel en Vivarais en 1681, puis
à Die. Passé au catholicisme à la révocation de l'édit
de Nantes (1685).

La Vie de Saint Estienne, evesque de Dye, tirée de

Sarius et d'un Manuscrit trouvé dans les Archives de l'Evesché de Dye, avec la traduction d'une lettre écrite par un Archevêque de Vienne, et par ses Eresques suffragans, à Grégoire IX. Souverain Pontife, pour la canonisation de ce Saint. Un extrait du procès-verbal, touchant l'état où fut trouvé son corps, tiré des Registres d'un notaire du siècle passé. Et la Chronologie des Evêques de Dye ; Grenoble, Verdier. s. d. (vers 1688), in-12, 192 p.

Voy. aussi **Vigne** (ALEXANDRE).

Gondrand (JACQUES de)

Né à Montélimar. Pasteur à Orange de 1665 à 1685 et derechef de 1697 à 1709, année de sa mort. Détenu dans l'intervalle au château de Pierre Encise, à Lyon.

Lettre sur la restitution de la Principauté d'Orange au Prince d'Orange Guillaume III. en 1697 ; dans Phinée Piélat, *Sermons*, et Jacques Pineton de Chambrun, *Ses Larmes*. — Les pasteurs Aunet, Chion et Petit, collègues de Gondrand, avaient collaboré à cette Lettre.

Guérin (FRANÇOIS)

Fils et petit-fils de pasteur, originaire des vallées vaudoises. Pasteur à Briançon en 1626, à Saint-Bonnet en 1630, à Roure-Villaret de 1655 à 1660, puis à Bobi en Piémont, où il était encore en 1680.

Le Laict des Chrestiens, vers 1636. Non retrouvé ; autre édition, Genève, 1707, in-12.

Supplément du Laict des Chrestiens ou Examen familier du Symbole des Apostres, et de la Prière dominicale ; Genève, Jean de Tournes, 1637, in-12, 134 p.

De la Régénération contre la Corruption de ce temps. Aux Eglises du Piedmont ; Genève, Jean de Tournes, 1642, in-6°, 240 p.

Pèlerinage chrestien ; Genève, 1645, in-8°.

Tableau d'Erreurs et Contradictions, tiré de divers Docteurs de l'Eglise Romaine; Grenoble, 1666, in-8°.
Le Tableau du Jugement dernier. Non retrouvé.

Guyon (CHARLES)

Pasteur à Bourdeaux de 1647 à 1683 Réfugié à Genève, puis à Morges, pays de Vaud, Suisse.

MANUSCRIT :

Recueil des Observations et Reglemens plus notables et importans tiré des Actes des Synodes provinciaux du Dauphiné tenus depuis l'an 1597; 1651, in-4°; continué jusqu'en 1658. (Bibl. publ. de Genève.)

Huguet (FÉLIX)

Pasteur à Pinache-Villar (vallées vaudoises du Piémont), de 1594 à 1597; à Abriès, fin du xvie siècle; à Nyons, de 1600 à 1601; à Molines, de 1608 à 1609.

De justitia imputata; Genève, vers 1607. Imprimé sans l'agrément des pasteurs de cette ville et supprimé par le synode national de La Rochelle de 1607. Non retrouvé.

Conférence par escrit entre M. Pierre Cotton, jésuite, et Félix Huguet, pasteur de l'Eglise de Nions, tournee de latin en françois; (Grenoble, A. Blanc, 1600), in-12 102 p.

Ize (ALEXANDRE D')

Pasteur à Crest de 1635 à 1642; à Die, de 1642 à 1652; à Grenoble, de 1652 à 1665; professeur de théologie à l'Académie de Die de 1666 à 1677; déposé à cette dernière date et retiré chez les Vaudois du Piémont, mort avant 1681.

Les Harangues faites au Roi, à la Reine, à Monsieur et à Son Eminence, dans la ville d'Aix; Grenoble, 1660, in-4°. Autre édition avec un titre différent, Paris, 1660, In-8°.

La Reforme victorieuse, ou Lettres de Conference

entre les sieurs Adam des Molins, Prédicateur Jesuite, et Alexandre D'Ize, Ministre du Saint Evangile. Escrites de part et d'autre dans Grenoble; s. l., 1662, 194 p. A la fin : *La ferme perseverance d'Alexandre d'Ize, Ministre du S. Evangile à Grenoble, dans le total de la Religion Reformée. Opposée au libelle de Mr. Des Molins, Prédicateur Jesuite, qu'il a intitulé captieusement et contre toute apparence de verité. Abjuration publique de la R. P. R. par Monsieur D'Ize, premier Ministre de Grenoble. Et sa nouvelle profession de foy;* s. l., 1663, in-12. pages 195 à 216 du volume.

Quaterniones sacri seu Theses theologicæ roboratæ concordantibus documentis Scripturæ sacræ, Patrum, imo et Ecclesiæ Romanæ Doctorum... Diœ Aug. Vocont. 1675, in-4°, 110 p.

Propositions et moyens pour parvenir à la réunion des deux Religions en France. Achevé d'imprimer le dernier d'Aoust 1676, s. l., in-4°.

Janvier (Michel)

Né à Genève d'une famille originaire de Blois. Pasteur à Pipet en 1616, à la Grave de 1616 à 1618, à Beaurepaire et Roybon de 1619 à 1664. Prêté à Die en 1639 et 1640.

Les Trophées de vérité opposés au livre du sieur Pétriny, dit le Petit Carme, intitulé : La Ministrophtorie...; Genève, 1621, in-8°. — En collaboration avec François Murat, pasteur à Grenoble de 1615 à 1649.

Joubert (Laurent)

Docteur en médecine, né à Valence le 6 décembre 1529, médecin à Aubenas et à Montbrison. Professeur d'anatomie à Montpellier le 12 mai 1567, chirurgien de l'armée du duc d'Anjou, médecin ordinaire de Henri III, du roi de Navarre, chancelier de l'Université de Montpellier. Mort à Lombers (Tarn) le 21 octobre 1582.

Traicté du Ris en trois livres (en latin); Lyon, 1558.— Traduction du 1er livre en français, par Louis Papon;

Lyon, 1560, in-8°, des deux autres, par J.-P. Zangmaistre. — Autre traduction des trois livres : *Traicté du Ris, contenant son essence, ses causes et merveilheus effais, curieusement recerchés, raisonnés et observés par M. Laurent Joubert. Item, la Cause morale du ris de Democrite, expliquée et témognée par Hippocras. Plus, un Dialogue sur la Cacographie fransaise, avec des Annotations sur l'Ortographe de M. Joubert* ; Paris, Nic. Chesneau, 1579, in-8°, 15 f., 407 p., 3 f. — « La Cause morale » est traduite du grec par J. Guichard; le « Dialogue » est de J.-P. Zangmaistre ; les « Annotations » de Christophe de Beauchastel.

Paradoxarum demonstrationum medicinalium Laur. Jouberti, philosoph. et medi. Montpeliensis. Decas prima. Accessit ejusdem Jouberti Declamatio, qua illud paradoxé interpretatur, quod vulgò aiunt, nutritione vincire naturam, ex Platone Timæo... ; Lugduni, Lud. et Car. Pesnot, 1561, in-4°, 16 f., 287 p. Publié par Ennemond Bonnefoy. Voy. ce nom. *Idem,* 1565, in-4°. — Augmenté de la *Decas Secunda* ; Lugduni, Pesnot, 1565, in-8°, 532 p.

Laurentii Jouberti Valentini Delphinatis... De Peste libri unus. Ad Clariss. D. Henricum Stapendium Agrippinatem, medicum sapientissimum. Accesserunt duo Tractatus; Unus de quartana Febre, alter de Paralysi, in quibus scitu dignissinæ Questiones aliquot explicantur, eodem authore ; Lugduni, Joannes Trellonius, 1667, in-8°. Traduction française : *Traitté de la peste composé en latin par M. Laurent Joubert... Plus une question de la Paralysie et deux Paradoxes de la Revulsion du mesme auteur. Traduite fidèlement en françois par Guillaume des Innocens, Maistre juré en Chirurgie de la ville de Tholose* ; Genève, Jacob Stoer, 1581, in-8°, 183 p., 90 p.

Traicté des Arcbusades, contenant la vraye essence de mal et sa propre curation, par certaines et méthodiques indications : avec l'explication de divers problemes touchant cette matière ; Paris, L'Huilier, 1570, in-8°, 12 f., 68 f. Autres éditions : Bergerac, 1577, in-12; Lyon, J. de Tournes, 1581, in-12, 8 f., 372 p., augmentée de plus d'un tiers.

Brief discours en forme d'Epistre, touchant la curation des arcbusades ; Paris, Martin le jeune, 1570, in-8°, 5 f., 26 p., 5 f. — Réimprimé dans le « Traicté des Arcbusades », éd. de Lyon.

Laur. Jouberti... Opuscula olim discipalis suis publié dictata, quæ nunc Johan. Posthius typis excudenda curavit... : Lugduni (Pesnot) 1571, in-8°, 31 f., 174 p., 157 p., 49 f., 159 p., 8 f.

Laur. Jouberti... Medicinæ practicæ priores libri tres ; Genevæ, 1572, in-8° ; Lyon, 1575, in-8°. — *Editio tertia ab ipso Authore recognita, et tertia feré parte adaucta. Accessit ejusdem Isagoge Therapeutices methodi de Affectibus internis partium Thoracis. Tractatus alter* ; Lugduni, Car. Pesnot, 1577, in-16,15 f. 278 p., 13 f.— Une partie de l'ouvrage réimprimé dans l' « Isagoge » cité plus loin.

Sentence de deux belles questions, sur la curation des arcbusades et aultres playes. Données par Laurent Joubert..., dédiée au très héroïque et magnanime Henri III. Roy de Navarre, par Maistres Dangaron et Martel, ses chirurgiens ordinaires ; Genève, Jacob Steer, 1577, in-12, 30 p. — Réimprimé dans le « Traicte des Arcbusades », cité plus haut.

Laurentii Jouberti... Isagoge Therapeutices methodi. Ejusdem de Affectibus pilorum et curis, præsertim capitis et de cephalalgia, tractatus unus. De Affectibus internis partium Thoracis tractatus alter ; Lugduni, Car. Pesnot, 1577, in-16, 12 f., 232 f. et 9 f.— Réimprimé dans « Medicinæ practicæ », cité plus haut.

Erreurs populaires au faict de la Médecine et Regime de santé. Corrigés par M. Laurent Joubert... Ceste-cy est de toute l'œuvre la première partie contenant cinq livres, avec l'Indice des matières qui seront traitees ez autres. A la fin : Quel langage parleroit un enfant qui n'auroit jamais ouï parler ; Bourdeaus, S. Millanges, 1578, in-16, 28 f., 603 p., 3 p. Autres éditions : Avignon, G. Bertrand, 1578, in-8° ; Paris, Vinc. Mahuret, 1578, in-16, 28 f. 616 p. — Autre édition revue, corrigee et augmentee presque de la moitié, et dédiée au tres renomme Seigneur de Pibrac, chance-

ther de la très illustre Reyne de Navarre; Bourdeaus,
S. Millanges, 1579, in-8°, 56 p., 648 p.

*Seconde partie des erreurs populaires et propos
vulgaires, touchant la médecine et le régime de santé,
réfutés et expliqués par M. Laur. Joubert... Publiée
par Barthélemy Cabrol;* Paris, Abel L'Angelier, 1579,
in-8°, 54 p., 287 p., 2 f.; *Idem,* 1580, in-8°, 28 f., 273 p.,
4 p. — Les deux parties réunies, Paris, Claude Mi-
card, 1587, in-8°; Rouen, Théodore Reinsart, 1601, in-8°.
— Traduction latine avec notes par Jean Borges; Anvers, Plantin, 1600, in-8°; italienne, par Lucchi, Fi-
renze, 1592, in-4°. — Troisième partie des « Erreurs
populaires », par Gaspard Bachot Bourbonnais; Lyon,
Barth. Vincent, 1626, in-8°, 64 p., 599 p. C'est une *Œuvre
nouvelle, désirée de plusieurs, et promise par feu
M. Laurent Joubert.*

*Question des Huiles traictée problematiquement par
M. Laurent Joubert... Item, censure de quelques opinions touchant la decoction pour les arquebuzades par
le mesme auteur;* à la fin: *Censure de deux opinions
touchant les Escrevisses et du Nœud qu'on faict bouil-
lir...* (Genève), Jacob Stoer, 1578, in-12, 36 p.; Lyon,
Benoist Rigaud, 1588, in-16, 90 p. — Réimprimé dans
le « Traicte des Arcbusades », édit. de Lyon.

Pharmacopœa... edente J. Paulo Zangmaistero; Lugduni, Michael, 1579, in-8°. — Traduction française par
Jean-Paul Zangmaisterus; Lyon, Ant. de Harsy, 1581,
in-12, 16 f., 377 p., 13 p.; Lyon, *Idem,* 1588, in-12;
Lyon, 1592, in-16.

*Oratio de Præsidiis futuri excellentis Medici, habita
in celeberr. Academia Valentina cùm D. Christophoro
Schillingo Silesio, et D. Danieli Galarsio Parisiensi,
supremum dignitatis in arte medica gradum confer-
ret, postridie cal. Decemb. anno Christi 1579;* Genevæ,
1580, in-8°.

*Laurentii Jouberti... Operum latinorum tomus pri-
mus. Hic omnia complectitur quæ hactenus fuerunt
sigillatim publicata...;* Lugduni, Steph. Michaelem,
1582, 2 vol. in-fol.; Francfurti, 1599, 2 vol. in-fol.;
1645, in-fol.; 1668, in-fol.

La grande Chirurgie de M. Guy de Chauliac, Méde-

cin très fameux de l'Université de Montpellier, composée l'an de grâce mil trois cens et trois, restituée par M. Laurent Joubert; Lyon. 1579, in-8°. — Traduction latine, Lugduni, 1580, in-8°. — Isaac Joubert, fils de Laurent, ajouta à l'œuvre de son père une « Interprétation des langues de Chauliac avec la Figure des instrumens chirurgicaux », traduite en latin sous ce titre : *Interpretatio Dictionum D. Guidonis de Cauliaco, cum Figuris instrumentorum chirurgicorum in ejus opere memoratorum, mutuatis ut plurimum ex operibus D. Parei per Isaac. Joubertum primogenitum interpretatis*; Lugduni, 1585, in-4°. — Les Additions des deux Joubert parues à Paris sous ce titre : *Annotations de M. Laurent Joubert sur toute la Chirurgie de Guy de Chauliac, avec l'interprétation des langues du dict Guy, divisée en quatre classes, la chascune estant rengée selon l'ordre de l'Alphabet*; Tournon, Claude Michel, 1598, in-8°, 32 p., 403 p., 3 f.; *Idem*, 1619, in-8°. 410 p. Réimprimé fréquemment.

Traicte des Eaux de M. Laurent Joubert, Docteur et Professeur en Medecine en l'Université de Montpellier. A Monsieur Pappon, lieutenant au Bailliage de Forets; Paris, rue S. Jean de Beauvais, à l'Enseigne du Cheval volant, 1603, in-12, 49 p.

JOUX (BENJAMIN DE)

Pasteur à Fenestrelles de 1659 à 1662, à Die de 1663 à 1678, à Saint-Paul-trois-Châteaux en 1681, à Lyon en 1685. Réfugié en Angleterre, où il vivait encore en 1691.

Le succès de la Mission de Pragela. Ou Véritable récit de la Conférence tenuë à Fenestrelles, le deuxiesme d'Octobre 1659, entre le Sieur Benjamin de Joux Ministre du Saint-Evangile, en l'Eglise du dit lieu, et le Sieur Marc-Anthoine Calemard... touchant 1° la qualité des Œuvres des Payens; 2° la Vocation des Pasteurs; 3° la Réalité...; Genève, 1660, in-8°, 248 p. A la fin, Sermon du même sur Act. 23, verset 11.

La Grâce et la Paix souhaitée au fidèle ou Sermon

prononcé à Gap à l'ouverture du Synode; Grenoble, 1670, in-12.

La nécessité de la repentance et des bonnes œuvres ou Sermon sur les paroles de S. J. Baptiste qui se lisent en l'Evangile selon Saint Mathieu. Chap. 3, v. 8, 9 et 10. Prononcé au jour de June célébré à Die, le 27 d'Avril; Die, 1670, in-8°, 61 p.

La Colombière.

Voyez **Vulson**.

La Faye (JEAN DE)

Né à Loriol en 1610. Pasteur dans cette ville de 1635 à 1660. Réfugié à cette date à Bâle, puis à Genève, où il mourut en 1679.

Le Pasteur veillant pour la garde du troupeau, contre les nouvelles courses et entreprises des Moines missionnaires, par J. D. L. F. M. D. S. E. (Jean de La Faye, ministre du Saint Evangile); Orange, Etienne Voisin, 1638, in-8°.

Le livre officieux, ou le Chemin ouvert à la paix pour ceux qui cherchent la sainte union de Foi et de Religion; Orange, 1643, in-4°.

Les éclairs de la Vérité resplendissans au milieu des ténèbres et confusion des faus amis et serviteurs de la Saincte-Vierge; Orange, Ed. Raban, 1647, in-8°, 6 f., 84 p.

Douze questions capucines répondues; Genève, 1648, in-8°.

L'Anti-Moine, à Messieurs de la Communion de Rome de la ville de Crest (Die, Ezéchiel Benoit, 1660), in-8°.

Traité pour soutenir la Religion réformée par les Pères. Non retrouvée.

Laffemas (BARTHÉLEMY DE)

Né à Beausemblant en 1545, entré au service de la Cour de Navarre à Pau vers 1566, premier tailleur d'habit du roi en 1582, valet de chambre du même en 1584, établi à Paris avec son maitre en 1589, où il s'occupa du soin de relever l'agriculture, le commerce et l'industrie de la France et fut nommé contrôleur général du commerce et des manufactures. On ignore l'année de sa mort.

Reiglement général pour dresser les manufactures en ce royaume, et couper le cours des draps de soye et autres marchandises qui perdent et ruynent l'Estat... Ensemble le moyen de faire les soyes par toute la France ; Paris, Claude de Monstr'œil et Jean Richer, 1597, in-8°, 40 p. Autre édition revue et augmentée, Rouen, George L'Oyselet, 1597, in-8°, 41 p.

Responces aux difficultez proposées à l'encontre du réglement général touchant les manufactures ; s. l. n. d., in-8°, 11 p., 2 f.

Responce à Messieurs de Lyon, lesquels veulent empescher, rompre le cours des marchandises d'Italie, avec le prejudice de leurs foires... ; Paris, Est. Prevosteau ; 1598, in-8°, 23 p.

Les trésors et richesses pour mettre l'Estat en splendeur et monstrer au vray la ruyne des François par le trafic et négoce des estrangers... ; Paris, Est. Prevosteau, 1598, in-8°, 54 p.

Advertissement et response aux marchants et autres, où il est touche des changes, banquiers et banqueroutiers ; Paris, Estienne Prevosteau, 1600, in-8.

Advis et remonstrances à Messieurs les commissaires députés du Roy, au faict du commerce... ; Paris, Sylvestre Moreau, 1600, in-8°, 22 p.

Le quatriesme advertissement du commerce, faict sur le debvoir de l'aumosne, faict par Barth. de Laffemas, qui represente sur ce l'abbus des tavernes et cabarets ; Paris, Jamet et P. Metayer, 1606, in-8°, avec portrait.

Les moyens de chasser la gueuserye, contraindre les feneats, faire vivre et employer les pauvres... Paris, Estienne Prevosteau, 1600, in-8°, 15 p.

L'incredulité ou l'ignorance de ceux qui ne veulent cognoistre le bien et repos de l'Estat et veoir renaistre la vie heureuse des François... ; Paris, Jamet et Metayer, 1600, in-8°, 29 p., 2 f., avec portrait.

La Commission, edit et partie des memoires de l'ordre et establissement du commerce general des manufactures en ce royaume ..; Paris, mai 1601, in-8°, 3 f., 39 f., 28 f., 10 f., 2 f. non chiffrés. Réimprimé dans Champollion-Figeac, *Documents historiques inédits.*

Les discours d'une liberté générale et vie heureuse pour le bien du peuple; Paris, Binet, 1601, in-12.

Remonstrances politiques sur l'abus des charlatans, pipeurs et enchanteurs; Paris, juin 1601, in-8°, 15 p.

Neuf advertissements pour servir à l'utilité publique, advenus sur le bonheur de la naissance de Mon Seigneur le Daulphin. Assavoir est : D'un bon et rare ouvrier françois. — Faire fil d'or au litre de Milan.— Faire croistre le ris en France. — Bluter les farines par des enfans. — Faire fromage à la vraye mode de Milan. — Faire croistre esperges de deux poulces et longues d'un grand pied. — Comme les estrangers possédent la navigation de la mer et les richesses des foires. — Certains advis de fabriquer toutes etoffes en France. — Le désordre des monnoyes, avec le remede du bien ; Paris, Pierre Pautonnier, 1601, in-8°, 12 p.

VII° Traicté. Du commerce de la vie du loyal marchand, avec la commission du Roy, et bien qu'il faict aux peuples et royaumes; Paris, Léon Cavellat, 1601, in-8°, 15 p., avec portrait.

Remonstrance au peuple suivant les édicts et ordonnances des Roys, à cause du luxe et superfluités des soyes, clinquants en habits, ruine générale; Paris, Nicolas Barbote, 1601, in-8°, 16 p.

Lettres et exemples de la feu Royne mere, comme elle faisait travailler aux manufactures et fournissait aux ouvriers de ses propres deniers. Avec la preuve certaine de faire les soyes en ce royaume : pour la provision d'iceluy et en peu d'années, en fournir aux estrangers; Paris, Pierre Pautonnier, 1602, in-8°, 24 p.

Le tesmoignage certain du profict et revenu des soyes de France, par preuves certifiées du païs de Languedoc; Paris, Pierre Pautonnier, 1602, in-8°, 8 p.

Comme l'on doibt permettre la liberté du transport de l'or et de l'argent hors du royaume : Et par tel moyen

*conserver le nostre, et attirer celuy des estrangers.
Avec le moyen infaillible de faire continuellement
travailler les monnoyes de ce royaume, qui demeurent
inutilles;* Paris, Pierre Pautonnier, 1602, in-8°, 8 p.

*Le plaisir de la noblesse et autres qui ont des éri-
tages aux champs, sur la preuve certaine et profict
des estauffes et soyes qui se font à Paris et les maga-
zins qui seront aux provinces;* Paris, Pierre Pautonnier, 1603, in-8°, 8 p. — Réimprimé par Ed. Fournier
dans *Variétés historiques et littéraires*, t. VII, p. 303 et
suiv.

*Preuve du plant et profict des meuriers, pour les pa-
roisses des generalitez de Paris, Orléans, Tours et
Lyon, pour l'année 1603:* Paris, Pierre Pautonnier,
1603, in-8°, 16 p.

*Le naturel et profit admirable du meurier, qui est
l'ouvrage de son bois, feuillages et racines, surpasse
toutes sortes d'arbres, que les François n'ont encore sçu
connoistre : avec la perfection de les semer et elever ce
qui manque aux mémoires de tous ceux qui ont escrit;*
Paris, 1604, in-8°.

*La façon de faire et semer la graine de meuriers,
les elever en pepinieres et les replanter aux champs :
gouverner et nourrir les vers à soye au climat de la
France, plus facilement que par les mémoires de tous
ceux qui en ont escript;* Paris, Pierre Pautonnier,
1604, in-12, 36 p.

*Recueil présenté au Roy, de ce qui se passe en l'As-
semblée du Commerce, au Palais, à Paris;* Paris,
Pierre Pautonnier, 1604, in-8°, 43 p. Réimprimé dans
les *Archives curieuses de France*, 1re série, t. XIV,
p. 218-245.

*Instruction du plantage des meuriers, pour Mes-
sieurs du clergé : avec les figures pour apprendre à
nourrir les vers, faire et tisser les soyes...;* Paris, David Le Clerc, 1605, in-4°.

*La ruine et disettes d'argent, qu'ont apporté les
draps de soyes en France...* Paris, Nicolas Barbote,
1608, in-8°, 15 p.

Advertissement sur les divers crimes des banquerou-

tiers suivant les édits et ordonnances du Roy de France; Paris, J. Millot, 1609, in-8°.

Advis sur l'usage des passements d'or et d'argent; Paris, Jean Millot, 1610, in-8°, 65 p.

Sources d'abus et monopoles glissés sur le peuple de France, s. d. n. l., in-8°.

Lamande (DAVID-BENJAMIN)

Docteur en médecine et professeur à l'Académie de Die, après 1668 et jusqu'en 1677, au moins.

Theses Philosophiæ quas sub Præsidio D. Benjamini Lamande Medicinæ Doctoris peritissimi et Philosophiæ Professoris acutissimi in celeberrima Academia, Diensi, .. ad diem 27. Augusti 1677... (Deiœ), 1677, in-4° (placard).

Langes (CLAUDE DE)

Né à Grenoble en 1639. Avocat, puis conseiller à la Chambre de l'édit de Grenoble jusqu'en 1669. Réfugié à Genève à la révocation de l'édit de Nantes: mort en 1717.

Histoire du Vieux et du Nouveau Testament par Demandes et par Réponses; Genève, 1710, 3 vol. in-8°.

MANUSCRITS :

Réflexions sur le livre de M. Papin, De la voie de l'Examen et de celle de l'Autorité.

Réflexions sur le XIVe Chapitre des Préjugés légitimes contre les Calvinistes de Nicole.

Réflexions morales.

Dialogue contre l'Infaillibilité de l'Eglise romaine.

Le Fèvre (JEAN-RODOLPHE)

Né à Lausanne, de parents grenoblois. Etudiant à Bergerac et à l'Académie de Montpellier, professeur de philosophie à l'Académie de Die de 1611 à 1620, imprimeur et libraire de la même Académie de 1613 à 1619, avocat plaidant en 1619, professeur de philososophie à Lausanne de 1620 à 1624, enfin avocat au parlement de Grenoble de 1624 à 1643 au moins.

Controverses et Disputes philosophiques : Die, 1612 ou 1613. Non retrouvé.

Medulla logica... Deiœ Augustœ Vocontiorum, 1613, in-8º, 5 f., 384 p.

Medulla physica... Présentée en manuscrit au Synode de Mens du 8 mai 1615. Nous ignorons si elle fut imprimée.

Sophiœ Viridaria purpurissatis referta violis, quœ pro suprema Philosophiœ laurea decoranda patebunt, omnibus Violarum odore reari cupientibus, Prœeunte D. Joh. Rodolpho Fabro Philosophiœ Professore et Gymnasta, ad diem 6. sept. 1617; Deiœ Augustœ Vocontiorum, 1617, in-12, 24 p.

Thèses diverses soutenues à Lausanne : *De Judicio,* 1621 ; — *de Cœlo,* 1621 ; — *de Elementis physicis,* 1621 ; — *de Corpore imperfectè mixto,* 1621 ou 1622 ; — *de Corpore vegetante, sentiente et intelligente,* 1622 : — *de Mundo in genere,* 1623 ; — *Theses miscellaneœ ex variis disciplinis depromptœ,* 1623.

Totius Logicœ peripateticœ Corpus... Nec non totius Organi Aristotelico-Ramœi compendium... Aurelianœ (Genevœ), 1623, in-4º, 16 f., 590 p., 106 p., 10 f.

Cursus physicus in quo totius Philosophiœ naturalis Corpus Assertionibus et Quœstionibus ϰϰϰϰϰϰϰϰϰϰϰϰϰϰ et ϰϰϰϰϰϰϰϰϰϰ in gratiam Philosophiœ Alumnorum perspicuè et breviter explicatur... Genevœ, 1625, in-8º, 20 f., 496 p., 16 p.

Le pourtraict de l'homme mis à son jour et rehaussé en vives et esclatantes couleurs... auquel est dépeint tout ce qui est de plus rare, curieux et utile au monde : Grenoble, 1629, in-8º, 4 f., 104 p.

Claris Jurisprudentiœ sive brevis ac methodica Institutionum Justiniani Explicat°). Omnes dirœ Astrœœ amore captis ad summa Jurisprudentiœ promovens Fastigia ; s. l. (Gratianopoli), Ed. Rabanus, 1638, in-4º, 16 f., 334 p.

Systema triplex juris civilis, criminalis, canonici et feudalis : Genevœ, 1643, in-fol.

Aviarium juris. Non retrouvé.

Lesdiguières (FRANÇOIS DE BONNE, DUC DE)

Né à Saint-Bonnet (Hautes-Alpes), le 1er avril 1543, mort à Valence le 21 septembre 1626.

Récit de ce qui s'est passé en Dauphiné depuis le mois de mai dernier par le sieur des Diguières contre le duc de Savoie; Tours, Mettayer, 1590, in-8°, 44 p. — Réimprimé dans le *Recueil A-Z*, vol. N, p. 48; les *Mémoires de Duplessis-Mornay*, t. IV, p. 453-462; les *Actes et Correspondance de Lesdiguières*, publiés par M. Roman, t. III, p. 211-218.

Discours de la Victoire d'Esparron, dans *Actes ...,* t. III, p. 218-222.

Lettre de Lesdiguières à M. Vulson sur les évènemens qui précédèrent la bataille de Pontcharra, dans *Actes ...,* t. III, p. 222-227.

Mémoires à M. Vulson député par Lesdiguières près du Roy de ce qui se passa en Dauphiné, Provence et Terres Neuves de Savoie depuis Septembre jusques en Novembre mil cinq cent quatre-vingt unze, dans *Actes...,* t. III, p. 228-230.

Discours du Voyage faict par Monsieur de Lesdiguières en Provence, commencé le XXVIIIe april 1592 et fini le XIIe juillet suivant, dans *Actes ....* t. III, p. 231 à 238.

Brief discours de la reprinse faicte par Monsieur de Lesdiguières du fort que le duc de Savoye avait faict à Barraux en l'année MV^cIII^{xx}XVII; Lyon, Thibaud Ancelin, 1587, in-8°. — Réimprimé dans *Mémoires de la Ligue,* t. VI, p. 572; *Album du Dauphiné,* t. IV, p. 134; *Actes ....,* t. III, p. 305-310.

Advis donné par M. le Maréchal des Diguières à l'Assemblée de Grenoble, 1615; s. l., in-8°, 13 p. — Réimprimé sept fois au moins.

Lettre de Monseigneur de Lesdiguières au Roy. Autre lettre de Monsieur de Lesdiguières à la Royne; s. l. n. d. (1615), 4 f.

Lettre de Monsieur le Mareschal Desdiguières, envoyée tant à Messieurs de La Rochelle qu'aux autres chefs de la Religion prétenduë reformée, ce 28 dé-

cembre dernier ; Paris, Anthoine du Breuil, 1616, in-8°, 8 p.; Lyon, 1616, in-8°, 8 p.

Extrait de la lettre envoyée au Roy en la ville de Bourdeaux par Monsieur le Mareschal des Diguières ; Paris, Jean Bouriquant, 1615, in-8°, 6 p. ; Paris, 1615, in-8°, 6 p.

Copie de lettre de Monseigneur le Mareschal Desdiguières au Roy ; Vienne, Jean Poyet, 1617, in-8°.

Lettre de Monsieur le Mareschal Desdiguières au Roy; Paris, Pierre Latus, 1618, in-8°, 8 p.

Copie de deux lettres escrites l'une au Roy et l'autre à la Royne-Mère, par Monsieur le Mareschal Desdiguières ; Lyon, 1619, in-8°, 6 p. Parue antérieurement à Paris.

Lettre de Monsieur le Mareschal de Lesdiguières, envoyée le neuviesme décembre 1620 aux rebelles du pays de Béarn sur les assemblées par eux faictes contre le service du Roy ; Paris, 1620, in-8°, 12 p. Parue antérieurement à Bordeaux. — Autre édition : Lyon, François Yvrad, 1621, in-8°, 16 p.; avec des Réflexions sur Lesdiguières et sa conduite à l'égard de ses coreligionnaires.

La Response de Monsieur le duc Desdiguières aux plaintes à luy envoyées par ceux de l'assemblée de La Rochelle ; Paris, Antoine Vitray, 1621, in-8°, 13 p. Autre édition in-8°, 8 p., s. l. n. d.

Dernier Advis de Monsieur le Mareschal Desdiguières à Messieurs de La Rochelle sur la dernière résolution du Roy du 5 may mil six cens vingt-un ; Paris, Adr. Bacot, 1621, in-8°, 12 p.; Lyon, François Yvrad, 1621, in-8°, 12 p.

Copie de la lettre escrite par Monsieur le duc des Diguières à Messieurs de Frère et Morges; de Castillon, le 12 juillet 1621 ; Grenoble, Pierre Verdier, 1621, in-8', 6 p.

Coppie de la lettre escrite par Monseigneur le duc d'Esdiguières, envoyée au sieur de Montbrun, luy enjoignant expressément de la part du Roy d'avoir à désarmer dans son gouvernement du Dauphiné; et à faute de ce, déclaré criminel de lèze-Majesté et perturbateur du repos public. Escrite du camp royal de Sa

Majesté devant Montauban, ce 19 novembre 1621; Paris, Robert l'eugé, 1621, in-8°, 7 p. Parue antérieurement à Lyon, 1621, Pierre Marniolles, in-8°, 12 p., avec la date du 9 novembre au lieu du 19.

Lettre de Monsieur le duc Desdiguières escrite à Nostre Sainct Père le Pape, sur son advènement au Souverain Pontifical; Paris, Antoine Vitray, 1621, in-8°, 5 p.

Copie des Instructions données par M. le duc de Lesdiguières à M. Bellujon, envoyé de sa part à l'assemblée tenant à Loudun, 9 février 1620. — Escrit de Messieurs le duc de Lesdiguières et de Chatillon envoyé à l'assemblée de Loudun par le sieur de Gilliers, 17 mars 1620. — Coppie de la lettre envoyée à l'assemblée par Monsieur le duc de Lesdiguières, avec le susdit Escrit ... — Ces trois écrits imprimés dans *Pièces servant à l'histoire du temps présent, 1621,* in-8°, 16 p., s. l.

Ordonnance de paix en Dauphiné par Monseigneur le duc de Lesdiguières, pair et mareschal de France, lieutenant général pour le Roy au gouvernement de cette province; Paris, P. Mettayer, 1622, in-8°, 11 p.

Lettre et dernier Advis de Monsieur le Mareschal Desdiguières aux rebelles et partialistes de Montauban, Languedoc, Vivarets et La Rochelle, du 26 mars 1622; Paris, Germain Druot, 1622, in-8°, 13 p. Parue antérieurement à Lyon.

Lettre de Monsieur le duc de Lesdiguières escrite au duc de Rohan le 10 juillet 1622; Paris, Jean Bessin, 1622, in-8°, 14 p. Autre édition du même, 12 p.

Response de Monseigneur le Connestable au Roy, ensemble une Lettre de Monsieur le Mareschal de Créquy envoyée à Sa Majesté avec la retraite du duc de Feria et de ses troupes d'alentour de la ville d'Ast; s. l., 1625, in-8°, 13 p.

Lettre de Monseigneur le Connestable au Roy, touchant les armées de Sa Majesté, estant de présent en Italie; Lyon, Claude Armand, dit Alphonse, 1625, in-8°, 15 p.; Paris, J. Bessin, 1625, in-8°, 14 p.

Discours de l'art militaire faict par Monsieur le Mareschal Lesdiguières, dans *Actes ...,* t. III, p. 541-578.

Nombreuses *Lettres* de Lesdiguières, dans *Actes ...*, 3 t. in-4°; Grenoble, 1878-1884.

Livache (DANIEL DE)

Avocat au Parlement de Grenoble et confident de Lesdiguières. Annobli par le Roi en 1643, mort vers 1675.

Harangue des Sieurs de Denonville, de Maurice, de Livache, députés vers le Roy par l'assemblée générale de Loudun, et prononcée à Sa Majesté par le Sieur de Denonville, le lundi 30 mars 1620; s. l., in-8°. — Autre édition sous le titre de *Dernière Harangue des Sieurs...* s. l., 1620, in-8°.

Lombard (PIERRE), DIT Lombard de Lachaux ET Lombard Lachaux

Né à Beaufort le 4 juin 1744, converti au protestantisme. Pasteur du Désert dans les quartiers de Nyons et d'Orange de 1772 à 1786, puis dans l'Orléanais et le Berry; maire d'Orléans en 1792 et nommé député à la Convention nationale. Non réélu à la Législature, commissaire du Directoire jusqu'en 1796, fournisseur des hôpitaux de la République jusqu'au 18 Brumaire (9 novembre 1799), nommé pasteur à Crest le 30 vendémiaire an XI (22 octobre 1802), décédé dans cette ville le 15 août 1807.

Discours sur la mort de Louis XV et sur le règne de Louis XVI. Prononcé dans le Bas-Dauphiné, par un Ministre du Désert...; à Lauzanne, chez J.-Pierre Heubac, 1774, in-12, 24 p., 1 f.

Préface aux *Sermons* d'E. L. Reybaz, son ami; Paris, an X, in-8°. Il signe « Ministre du Saint Évangile, ex-député et membre du lycée des arts. »

Loriol (PIERRE)

Né à Salins (Franche-Comté), ou dans les environs, au commencement du XVIe siècle. Professeur de droit à Bourges de 1528 à 1550, à Leipzick de 1551 à 1554, à Valence de 1555 à 1564, à Grenoble de 1564 à 1567 au moins. Mort vers ce temps dans cette ville.

De grandibus affinitatis Commentarius; Lugduni, 1542, in-fol. : *Idem*, 1554, in-fol.

De juris apicibus tractatus VIII; Lugduni, 1545, in-fol.

De juris arte tractatus XX; Lugduni, 1545, in-fol.

De regulis juris Commentarius; Lugduni, 1545, in-fol.

Commentarius ad tit. Si artum petatur ff. de rebus creditis; Lugduni, 1552, in-fol.

Opera juridica; Lugduni, 1557, in-fol. — C'est le recueil des œuvres de l'auteur parues jusqu'à cette époque.

Commentarius ad secundam Digesti veteris partem; Lugduni, 1557, in-fol.

De debitore et creditore; Francfurti, 1565, in-4º; *Idem*, 1586, in-4º.

Commentarius in usum feudorum; Coloniæ, 1567, in-8º.

De transactionibus; Francfurti, 1571, in-4º et 1586, in-4º.

Consilia juridica; Francfurti, 1668, in-fol. — C'est une réimpression.

Loque (BERTRAND DE)

Guy Allard fait naitre ce personnage dans le duché de Champsaur, mais c'est vraisemblablement une erreur, car de Loque parait être le même que François de Saillans, diacre de l'église réformée de Valence en 1561 et fils de Gaspard de Saillans, seigneur de Beaumont et ardent catholique. C'est ce qu'on peut légitimement inférer du conseil que lui donne son antagoniste, le jésuite de Bordes, de reprendre « le beau nom de Saillans, qu'on dit avoir été de son feu père catholique, » et de quitter « ce nom de fou en espagnol (1). » Bordes ajoute que

----

(1) Fou se dit *loco* dans cette langue.

notre personnage avait changé son nom parce que son père l'avait déshérité ou pour quelque autre motif. Il est plus probable qu'il en agit ainsi pour la sûreté de sa personne. Quoi qu'il en soit, il se réfugia en Guienne, où il devint ministre du vicomte de Turenne, puis pasteur à Casteljaloux en 1597 et enfin à Sedan.

Trajeté de l'Eglise, contenant un vray discours pour connoistre la vraye Eglise et la discerner d'avec l'Eglise romaine et toutes les fausses assemblées; Genève, Eust. Vignon, 1577, in-8°. Traduction anglaise, Londres, 1581, in-8°.

Deux traictés, l'un de la Guerre, l'autre du Duel, auquel est vuidée la question, a scavoir s'il est loisible aux Chrestiens de demesler un différend par le combat singulier, où aussi est demeslée la Dispute du poinct d'honneur. Dédiés au Roy de Navarre; s. l., 1588, in-8°, 104 p.

Les principaux abus de la Messe, où sont descouvertes et refutées les plus remarquables erreurs de l'Eglise romaine touchant la doctrine; La Rochelle, Hiersome Haultin, 1596, in-8°.

Response aux trois Discours du jésuite Loïs Richeome, sur le subject des miracles des Saints et des Images; La Rochelle, Hiérosme Haultin, 1600, in-8°, 32 p., 772 p.

Tropologie, ou Propos et Discours sur les Mœurs, contenant une exacte Description des Vertus principales; Lyon, Gabriel Cartier, 1606, in-8° ; Genève, 1606, in-8°.

Attribué au même auteur :

Traicté orthodoxe de l'Eucharistie et Sainct Sacrement du Corps et du Sang de N. S. J. C.; Lyon et La Rochelle, 1595, in-8°.

Maigret (AMÉDÉE)

Moine dominicain converti au luthéranisme, et réformateur de Lyon et de Grenoble en 1624.

Sermon presché à Grenoble le jour de S. Marc evan-

geliste, avec une Epistre en latin adressée au Sénat (Parlement) de Grenoble; Lyon, 1524, in-4º et in-16.

Martel (JEAN) dit Latour

Né à Poyols en Diois, prédicateur en Dauphiné depuis 1688 et temporairement dans la principauté d'Orange, le Vivarais et le Languedoc, réfugié plusieurs fois en Suisse et établi définitivement dans ce pays en 1727.

Manuscrit : *Mémoires de Jean Martel du Dauphiné* (de 1688 à 1727). Biblioth. publique de Genève, Mss. Court, nº 17, vol. B.

Martin (GASPARD)

Natif de Carpentras, ancien capucin. Pasteur à Saillans, de 1620 à 1625; à Die, de 1625 à 1629; à Courtheson, de 1633 à 1637.

Motifs de la Conversion à la Religion reformée de Gaspar Martin, premier supérieur au Couvent des Capucins en la ville d'Orange (Orange, Montpellier, Die et Genève, 1615). Non retrouvé.

Le Capucin reformé de Gaspar Martin de Carpentras : Declarant au long les causes de sa conversion à l'Eglise réformée : Refutant par le menu la Response d'A. B. C., contre sa première déclaration : Et descouvrant les grands erreurs et abus de l'Eglise Romaine et de sa Moinerie ; Genève, 1618, in-8º, 964 p.

Apologie en faveur des mariages contractés après le vœu illicite de célibat monachal contre les calomnies des jésuites résidant à Die...; Dye, 1624, in-12, 72 p.

Martinet (JEAN)

Né à Genève. Pasteur à Rosans, de 1600 à 1602; à Serres, de 1603 à 1612; prêté à Montélimar en 1605; au Buis, de 1612 à 1617; à Die, de 1619 à 1622; à Beaumont (près Valence), en 1623.

Lettre escrite à Madame du Poët contre les sollicitations des jesuites et autres qui la pressent de se révol-

ter de la foy Chrestienne. De Die, ce ... novembre
1619; (Die), in-8º, 4 et 25 p.

*Response au livret : Traduction de deux Epistres de
S. Hierosme, etc., par Jean Martinet, Ministre de la
Parole de Dieu en l'Eglise reformée de Saillans; A Die,
par Ezechiel Benoit* ... 1618, in-8º, 56 p.

*De la Succession du Souverain Pontife romain, où
est monstré le vray et infaillible moyen de trouver et
cognoistre la vraye Eglise de Jésus-Christ, par Jehan
Martinet..., contre le sieur Anthoine Rambaud, advocat de Die, et autres novateurs de ce temps.* A Die ....
1618, in-8º, 102 p.

*Missive des pasteurs et professeurs de l'Eglise refor-
mée et Eschole de Dye en Dauphiné concernant l'odieux
et desloyal crime de plagiat, commis par l'artifice des
jésuites et autres Religieux de l'Eglise romaine, ès personnes de deux jeunes escholiers distraicts et enlevés
de la dite Eschole et par elle du despuis recouvrez ;*
s. l. (Die), in-12, 16 p.

Massart (JACQUES)

Natif de Grenoble et Médecin. Réfugié en Hollande en
1685.

*Panacée ou discours sur les effets singuliers d'un
remède expérimenté et commode pour la guérison de
la plupart des longues maladies ; même de celles qui
semblent incurables. Avec un traité d'Hippocrate de la
cause des maladies et de l'ancienne médecine, traduit
en français par l'auteur ;* Grenoble, 1679, in-12, 7 f.,
200 p.

*Traité des panacées, ou des remedes universels, avec
un Traité des abus de la Médecine ordinaire ;* Grenoble, 1679, 2 vol. in-12. — Traduction anglaise, 1685,
in-12.

*Harmonie et accomplissement des Prophéties sur la
durée de l'Antechrist et les souffrances de l'Eglise ;*
Cologne et Amsterdam, 1686-1688, 5 parties, in-12.

De natura et curatione luis venereæ, inséré dans
Miscell. médico-physic. gallic., t. IV.

Masseron

Avocat à Gap au XVIIe siècle, passé au catholicisme.

Motifs de la conversion du Sieur Masseron, avocat au Parlement de Dauphiné, demeurant à Gap, à Monseigneur Henri, nommé par le Roy, Evéque et Comte de Gap; Grenoble, A. Giroud, 1685, 27 p.

Merez (SALOMON DE)

Bourgeois et conseiller au présidial de Valence. Gendre de Jean de Serres et passé au catholicisme en 1612.

Manifeste du Sieur Merez avec l'instruction par l'Escriture pour se résoudre en la foy...; Tournon, 1614, in-8°, 45 p.

Mémoires de divers événements en Dauphiné, notamment pendant les guerres de religion, publiés par Edmond Maignien, Grenoble, 1886, in-12, 95 p. — La première partie est de François Joubert, juge-mage à Valence (catholique).

Merlin (JEAN-RAYMOND) dit Monroy

Né à Romans au commencement du XVIe siècle. Professeur d'hébreu à Lausanne de 1537 à 1558, pasteur à Peney, près Genève, en 1559, à Genève en 1560, où il enseigna l'hébreu ; en France, notamment dans le Béarn, de 1561 à 1564, époque où il rentra à Genève ; déposé quelque temps après, mort en 1578.

Les dix commandemens de la Loy de Dieu, translatez d'hébreu en françois ; (Genève), J. Revery, 1562, in-8°, 291 et 59 p.

Commentaires d'Œcolampade sur Job et Daniel, traduicts du latin ; Genève, 1561, in-8°.

Catéchisme extraict de celuy de Genève, pour examiner ceux qu'on veut recevoir à la Saincte Scène, avec la translation en langue béarnaise ; Limoges, Guilly de la Noaille (s. d.), in-8°.

Meyer

Sommaire de l'Estat de la Religion dans la vallée de Pragela en Dauphiné; s. l. ni d. (1659), in-4°.

Monginot (FRANÇOIS DE)

Né à Langres. Conseiller et médecin ordinaire du roi Louis XIII. Plus connu sous le nom de La Salle-Monginot. Passé au protestantisme et retourné au catholicisme.

Résolution des doutes ou Sommaire décision des controverses entre l'Eglise réformée et l'Eglise romaine, par Fr. Monginot. Traicté concernant les Causes et Raisons qui ont meu ledit Fr. Monginot à sortir de l'Eglise romaine...; Die, 1617, in-8°.

Morand (G.)

Pasteur à Chalencon de 1667 à 1669, à Saint-Véran, de 1670 à 1680, à Fressinières de 1680 à 1683, abjura à la révocation de l'édit de Nantes.

Relation de la conversion de G. Morand, ministre. Non retrouvé.

Moze (JEAN)

Né à Nyons, pasteur à Veynes, de 1608 à 1611; à Montélimar, en 1611; à Annonay, de 1613 à 1622, année de sa mort.

L'Antidote d'Apostasie. Pour la conservation des Sains et guérison des Malades spirituels. Par Jean Moze. Dauphinois. Regarde la benignité et la severité de Dieu... Rome, 11, 22 (le reste manque), 103 p., in-12. Dédié à Mademoiselle Du Perse, qui se disposait à passer au catholicisme.— Une poésie liminaire, signée Albert de Belle-Joye, apprend que Moze avait fait d'autres « beaux escrits ».

Murat (PIERRE)

Pasteur à Romans, de 1630 à 1648; à Nyons, de 1656 à 1665. Réfugié à Genève à cette dernière date.

Le Féron convaincu sur le poinct de la transubs-

lantiation, par Pierre Murat, pasteur en l'Eglise re-
formée de Romans, en la conférence qu'il a eue avec
luy, outre la Replique à son Manifeste. Job XI, v. 2,
etc. A Die, par Ezechiel Benoit, 1648, in-16, 117 p.

Murat (François)

Né à Calvisson (Gard). Pasteur à Valence et Soyons
de 1608 à 1615, à Grenoble de 1615 à 1649.

Sermon pour la Repentance et Bénédiction de
l'Eglise; sur les vers. XIX et XX du psaume LI, prononcé
le XVI... à l'ouverture de l'assemblée politique, géné-
rale des Eglises réformées de France, tenue à Greno-
ble, par la permission de Sa Majesté; Grenoble, s. l.
(1620), in-8o, 66 p.

Prières et Méditation extraites de la S. Escriture;
Genève, Jacq. Chouet, 1621, in-8o. — Imitées par Usse-
rius, archevêque d'Armagh et autres.

Sermon des devoirs des pasteurs; Genève, 1627, in-8o.

Les Soupirs des Créatures ou Trois Sermons sur
Rom. VIII, 21; Genève, 1639, in-16.

La Nasselle de l'Eglise agitée. Deux Sermons sur
Rom. VIII, 21; Genève, 1643, in-16.

Voyez encore plus haut, à *Janvier.*

Murat (François)

Fils du précédent. Né à Grenoble, pasteur au Buis en
1660, à Marseille, Aix et Velaux en 1684.

Armes de Sion ou Prières sur l'état présent de l'af-
fliction de l'Eglise; Saint Gall, André Lhonorat, 1688,
in-12, 320 p. (première édition connue). — Souvent
réimprimées, notamment à Amsterdam, en 1731 et
1737. Le titre est quelquefois changé.

Owen (Jean)

Né à Armon, comté de Caërnavon (Angleterre), litté-
rateur, mort en 1622.

Epigrammatum Joannis Owen, Cambro-Britanni,
ad excellentissimam et doctissimam Heroinam, D. Ar-
bellam Stuart, liber singularis. Editio ultima; Deicœ

Aug. Vocont, 1613 (1614 dans quelques exemplaires), in-8°, non chiffré. Renferme 276 épigrammes.

Epigrammatum Joannis Owen, Cambro-Britanni libri tres. Ad illustrissimam D. Mariam Neville, Comitis Dorcestriæ filiam, Patronam suam. Editio ultima prioribus emendatior; Deiœ Aug. Vocont, 1614 (1613 dans quelques exemplaires), in-8° non chiffré. Renferme 599 épigrammes.

Passis (GUY DE)

Né à Crest, vers 1625, médecin à Crest, mort après 1664.

L'eau merveilleuse de Bourdeaux en Dauphiné. Par G. de Passis, docteur médecin de l'Université de Montpellier, natif et habitant de la ville de Crest; à Valence, Pierre Verdier, 1672, in-12, 81 p. — Réimprimé à Genève, J.-G. Fick, 1891, in-18, VII, 81 et XL p., avec une préface et des notes généalogiques de M. Latume (Gustave), bibliophile à Crest.

Pastor (DANIEL)

Pasteur à Beaufort de 1619 à 1623, à Pragela de 1630 à 1637. Mort en 1659.

Manuel du vray Chrestien opposé au Diurnal du sieur Jean Balcet, enseignant la manière de la droite Invocation et du pur service de Dieu; Genève, 1652, in-8°, XVI, 915 et XII p.

Traité contre la messe, paru en 1655 ou 1656. Non retrouvé.

Perrin (JEAN-PAUL)

Né à Lyon. Pasteur à Gap de 1596 à 1599, à Saint-Bonnet de 1600 à 1601, à Nyons de 1602 à 1622, à Serres de 1622 à 1626.

Remonstrances aux desvoyés. Is. 48, 20; Jérem. 51. 6; Zach. 2, 6, et Apoc. 18, 4. Sortez de Babylone, mon peuple, etc.; (Grenoble), 1601, in-4°, 19 p.

Histoire des Chrestiens Albigeois. Contenant les longues guerres, persécutions qu'ils ont souffert à cause de la doctrine de l'Evangile; Genève, Matthieu Berjon, 1618, in-12, 4 f., 333 p. — Dans le même volume : *Histoire des Vaudois. Divisée en trois parties;* Genève Pierre et Jacques Chouët, 1619, in-12, 16 f., 248 p.

Perrin (Gaspard de)

Docteur ès droits et avocat au parlement de Grenoble. Passé au catholicisme le 28 juin 1620.

La Lumière de la Foy donnée par la Lumière de la Loy tant divine qu'humaine, etc.; Lyon, 1621, in-12.

Petit (Jean)

Né à Orange. Pasteur au Buis de 1600 à 1604, à Montbrun de 1604 à 1613, à Taulignan de 1614 à 1617, de rechef au Buis de 1617 à 1622, à Crest de 1626 à 1630.

Actes de la Conférence tenue à Mombrun au mois d'avril M.IDC.XIII, entre Jean Petit, Ministre de la Parole de Dieu en l'Eglise du dict Mombrun, et Claude Suffren, soit disant de la Compagnie de Jésus et professeur de Théologie au collège d'Avignon : publiés par le dict Petit; Die, J. Rodolphe Le Fevre, 1613, in-8°, 92 p.

Peyrol (Daniel)

Né à Die. Passé au catholicisme et entré chez les Jésuites. Redevenu protestant et pasteur à Montpellier en 1599, puis professeur de théologie dans la même ville de 1603 à 1614. Il se retira à Die à cette dernière date. Déposé par le synode national de Castres de 1626, il abjura, mais, mais dès l'année suivante, il revint au protestantisme et fut pasteur à Nimes de 1630 à 1634.

Loix de l'Académie de philosophie et de philologie de Montpellier; Montpellier, 1604, in-4°.

Conférence touchant la Foy, entre les ministres D. Perol et J. Faucher et les prestres jésuites L. Patornay et P. Granger répondans; Montpellier, 1611, in-12.

Déclaration de Daniel Peyrol, docteur en théologie, cy-devant ministre de la prétendue Réformée en l'Eglise de Montpellier. De ce qui l'a induit à chercher sa paix et reconciliation avec l'Eglise catholique; Montpellier, 1627, in-8°, 26 p.

Piffard-du-Rif (SALOMON)

Pasteur à l'Albenc de 1651 à 1670, à Beaumont, près Valence, de 1673 à 1684.

Israël sous la tente au sortir de la terre d'Egypte. Sermon sur: Exodo XX, 2, Ego sum, etc.; Grenoble, 1671, in-12, 42 p.

Portefaix (PIERRE)

Né à Die, médecin et apothicaire, réfugié à Yverdun (Suisse) en 1621. Vivait encore en 1646.

Méditations sur la Pénitence, avec l'Hymne de patience et autres Cantiques, Paraphrases et Prières chrestiennes; Genève, Paul Marceau, 1623, in-8°. — Seconde édition avec un titre différent; Genève, Jacques de la Pierre, 1646, in-12, 181 p., 1 f.

Prat (CLAUDE)

Conversion de Claude Prat, natif d'Arles, cy-devant curé de Quet et La Sale en Beaumont, faicte en l'Eglise reformée de Corp le 26. novembre 1623; Die, 1624, in-16, 32 p.

Rabot de Salène (GUILLAUME)

Second fils de Bertrand Rabot, conseiller au Parlement de Grenoble. Embrassa la Réforme en 1550. Capitaine d'une compagnie de chevau-légers de Frédéric III, dit le Pieux, duc de Bavière et de Simeron, comte palatin du Rhin; professeur de français en 1572 à Wittemberg (Saxe), rentré en Dauphiné dans la suite, mort avant 1589.

Le Miroir d'Alquimie, de Rogier Bacon, philosophe très excellent, traduict de latin en françois, par un gentilhomme de Dauphiné; Lyon, 1557, in-8°, 68 f.

*Oratio de Gente et Lingua francica. Recitata a nobili viro Guilielmo Rabotto Salenio Gallo Delphinato, Publico Gallicæ linguæ. Professor in Academia Witebergensi, 3. Idiis Februarii M. D. LXXII (*Witebergœ, 1572, 30 p., in-8°. — Réimprimé dans les *Orationum Scholæ Melanchtonianæ,* t. VII, p. 108-127; Sarvestœ, 1586, et reproduit en fac-similé photholithographique par Carl Wallund, Stockholm, imprimerie centrale, 1889, in-8°.

Rigaud (DAVID)

Né à Crupies dans le dernier quart du xvıe siècle et marchand de Crest. Testa le 12 mars 1658.

Les Œuvres poëtiques du sieur David Rigaud, marchand de Crest; Lyon, Ciaude Rivière, 1637, in-12, 104 p.

Autres œuvres poëtiques du sieur David Rigaud; Lyon, Claude Rivière, 1637, in-12, 38 p. — Réimprimé par M. Brun-Durand, de Crest, à Paris, Aubry, 1870, in-12, 44 p.

Recueil des œuvres poétiques du sieur David Rigaud, marchand de la ville de Crest en Dauphiné. Avec le poëme de la Cigale, autant merveilleux en ses conceptions qu'en sa suite; Lyon, Claude Rivière, 1653, 6 f., 275 p. in-12.

Rigaud (MICHEL-MARTIN)

Arrière petit-fils du précédent et agronome. Né à Crest le 3 avril 1704, mort à Allex, dans son domaine de l'Isle, le 21 février 1782.

Mémoire ou Manuel sur l'éducation des vers à soie; Valence, J.-J. Viret, 1768, in-8°, 52 p. — Paru d'abord dans le *Journal d'Agriculture* de l'abbé Roubaud, février 1767, et à Grenoble en 1767, in-8°.

Mémoire sur la culture de l'esparcet ou sainfoin; Valence, P. Aurel. et Lyon, Cellier, 1769, in-8°, 43 p.

Discours prononcé en plein champ au domaine de l'Isle, le 18 octobre 1766, dans le Journal d'Agriculture de l'abbé Roubaud, mars 1767.

Rigaud (LOUIS-MICHEL)

Neveu du précédent, né à Crest le 4 septembre 1761, chef de bataillon en 1796. Retiré à cette dernière date à son domaine de Lisle, puis agriculteur, député au Corps législatif en 1811, à la Chambre des députés en 1814, et de nouveau dans les Cent Jours. Mort à Grenoble en juin 1826.

Un article sur les *Effets du plâtre*, considéré comme engrais, dans les *Mémoires de la Société d'agriculture de Paris* de 1814.

Un Mémoire sur les *Causes de l'insalubrité de l'air* dans la *Bibliothèque universelle* de 1816 et 1817. — Réimprimé sous ce titre : *Recherches sur le mauvais air et ses effets*; Paris, 1832, in-8°, VIII et 220 p.

Rippert (CLAUDE DE)

Le Chemin de Samarie en Hiérusalem, c'est-à-dire du temple Calviniste prétendu reformé à l'Eglise catholique, par lequel l'Ange du grand Conseil, guide, vie, vérité et voye, a conduit plusieurs âmes desvoyées en Dauphiné; Avignon, J. Bramereau. 1623, in-8°.

Roche (F. A. MICHEL)

Voyez Vouland.

Rolland

Auteur de l'opuscule qui commence ainsi :

Au Roy, Sire, vos Sujets de la religion reformée (de Grenoble); s. l. ni d. (1685), in-4°, 4 p.

Rollin (HUGUES)

Pasteur au Monestier-de-Clermont et Vif de 1626 à 1630, à Veynes de 1637 à 1659.

Marseille sans miracles ou véritable récit de la Conférence tenue en Provence entre les sieurs Hugues

Rolin, pasteur de l'Eglise reformée de Veyne en Dauphiné, et le Sieur Bizot, jésuite prédicateur, le 21. et le 22. août dernier, touchant les prétendus miracles du feu Evesque de Marseille et les miracles en général, avec un traicté qui montre que les miracles ne sont point une marque de la vraye Eglise, et pourquoy nous rejettons ceux dont l'Eglise romaine se vante; Die, Ezéchiel Benoit, 1644, in-8º, 167 p.

Roman (JEAN)

Natif de Vercheny, réfugié en Suisse à l'époque de la révocation de l'Edit de Nantes de 1685, rentré en France où il exerça les fonctions de prédicateur, réfugié de nouveau à l'étranger, mort pasteur de l'église de Waldenbourg.

Relation sommaire et véritable de ce que Dieu a fait par le ministère du sieur Jean Roman en quelques provinces de France, où il a prêché sous la croix pendant douze années; Rotterdam, Abraham Acher, 1701, in-18, 75 p., sans compter les attestations.

Roux (FRANÇOIS)

Né à Grenoble, réfugié en Allemagne, secrétaire du duc de Saxe-Weimar, puis professeur de langue française à Iena, mort en 1750.

Dissertation sur l'usage de la langue française en Allemagne; Iena, 1715, in-4º.

Kurze Abhandlung der Zweydeutigkeiten, welche in des französischen Sprache sich ereignen kœnnen; Iena, 1747, in-8º.

Nouveau dictionnaire françois et allemand, allemand et françois; Halle, 1760, 2 vol. in-8º; 1763, 1767, 1796, 1809 (1ʳᵉ édition).

Grammaire françoise oder Anweisung zur französischen Sprache; Iéna, 1782, in-8º. Plusieurs fois réédité.

Saigne (JEAN BARATIER, DIT DE)

Pasteur à Crest de 1596 à 1605 ; à Beaufort, de 1605 à 1619 ; à Die, de 1619 à 1624, année de sa mort.

Manuscrit : *Registre ou Recueil de tous les actes des Synodes qui ont esté tenus en la province du Dauphiné depuis l'an M.DC.*, par J. de Saignes, l'an M.DCXV, in-4º. — Continué jusqu'en 1600 (Biblioth. de M. de Fontgalland, à Die, et copies aux Archives de la Drôme et à la Société de l'histoire du protestantisme français, à Paris).

Saint-Martin (DE)

Pseudonyme de Chevalier (Pierre de)

Relation veritable de ce qui s'est passé en la conversion miraculeuse de M. de S. Martin, gentilhomme provençal, de la religion pretenduë reformée, à la foy Catholique, Apostolique et Romaine et en sa profession de foy faite dans l'Eglise de Saint Sauveur d'Aix en Provence le jour des Roys, sixiesme janvier 1640 ; Grenoble, P. Verdier, 1640, in-4º, 4 p.

Saunier (ANTOINE)

Né à Moirans. Pasteur et recteur des écoles à Genève en 1535. Organisateur du gymnase ou collège de Lausanne en 1540. Revenu à Genève l'année suivante.

Adamus (Saunier) *Œclesiastæ Moratensi Guilielmo Far., Morati,* 5 novembris anni 1532 (dans Herminjard, *Correspond. des Reformat.*, t. II, p. 448-455).

Adam, A Maistre Guillaume (Farel), *Mon bon frère et Amy ; De la maison de mon père, le 22e de septembre* (1533) (Idem, t. III, p. 80-84).

Chanson nouvelle, composée sur les dix commandemens de Dieu, extraicte de la Saincte Escripture, in-4º, caractères gothiques, s. l. ni d. (avant juillet 1532). — Réimprimée dans *Sensuyvent plusieurs belles et bonnes Chansons...* 1533, in 8º (par Pierre de Vingle à Neuchâtel), et dans d'autres recueils, notamment

dans *Le Chansonnier huguenot du XVIe siècle*, publié
par Henri-Léonard Bordier; Paris, 1870, p. 1-10.

Saurin (ELIE)

Né à Usseaux (Valcluson) le 28 août 1639. Pasteur à
   Venterol, de 1661 à 1662; à Embrun, en 1664; à Delft
   (Hollande), en 1665, et à Utrecht (Idem), en 1671.

*Examen de la théologie de M. Jurieu, où l'on traite
de plusieurs points très importans de la Religion ché-
tienne...*; La Haye, 1694, 2 vol. in-8o.

*Défense de la véritable doctrine de l'Eglise reformée
sur le principe de la foi*; Utrecht, 1697, in-8o.

*Justification de la doctrine du sieur Elie Saurin
contre deux libelles de M. Jurieu*; Utrecht, 1697, 2 vol.
in-12.

Suite de la justification...; Utrecht, 1697, in-8o.

*Reflexions sur les droits de la conscience, où l'on
fait voir la différence entre les droits de la conscience
éclairée et ceux de la conscience errante; on refute le
commentaire philosophique et livre intitulé* Droits des
deux souverains, *et on remarque les justes bornes de
la tolérance civile en matière de religion*; Utrecht,
1697, in-8o.

Traité de l'amour de Dieu; Utrecht, 1701, 2 vol.
in 8o.

Traité de l'amour du prochain; Utrecht, 1704,
in-8o.

Saurin (JOSEPH)

Frère du précédent. Né à Courthezon en 1655; pasteur
   à Flessingue (Hollande), en 1679; à Eurre, de 1681 à
   1683; réfugié en Suisse à cette dernière date et pasteur à Berchier (pays de Vaud); obligé de renoncer
   au ministère pour affaire de mœurs; rentré en
   France, passé au catholicisme en 1690, reçu à l'Académie des sciences de Paris en qualité de mathématicien, mort le 29 décembre 1737.

Lettre à Gonon, ministre réfugié à Lausanne, du 13
au 14 juillet 1689 (dans *Le Mercure Suisse* ou Journal

helvétique d'avril 1736, et dans les *Œuvres de L. Bau-
lacre*, Genève, 1857, 2 vol. in-8º).

Mémoire contre J.-B. Rousseau, touchant les motifs
de sa conversion (dans son *Eloge*, par Fontenelle).

Divers articles dans le *Journal des Savants* et les
Mémoires de l'Académie des sciences.

Sébiville (Pierre de)

Moine mineur de la septième secte (ordre des Francis-
cains ou Cordeliers), réformateur de Grenoble en
1523, retourné au catholicisme l'année suivante, mar-
tyrisé, croit-on, à Grenoble en 1525.

*Abjuratio hœresis lutherianœ facta per fratrem Pe-
trum de Sebiville, Religiosum ordinis minoris* ; 1524,
in-8º (non retrouvé).

*Pierre de Sébiville au Chevalier Cocl. A Grenoble, le
jour des Innocens, XXVIII de décembre 1524* (dans
Herminjard, *Correspondance des Reformateurs*, t. 1,
p. 313).

Sharp (Jean)

Né à Saint-Andrew's (Ecosse). Docteur en théologie et
professeur à l'Académie de Die de 1607 à 1629.

De Papa Antechristo... ; Deiœ, 1612, in-4º. Thèse
placard.

De peccato et justificatione ; (Deiœ), 1610. Non retrouvé.

De Statu hominis sub peccato ; (Idem).

*Theses theologicæ de fœdere, quas præside S. Sancto
ΣΥ ΖΗΤΗΣΙΝ vero, moderante D. J. Scharpio...*; Deiœ,
1615, in-8º, 12 p. non chiffrées.

Réponse à Ferrari, ex-professeur d'hébreu à l'Académie de Die ; (Die, 1616). Non retrouvé.

*Cursus theologicus in quo controversiæ omnes de
fidei dogmatibus inter nos et pontificios pertractantur
et Bellarmini argumenta respondentur ;* Genevœ,
1618, in-8º ; 2ª editio, Idem, 1620, in-8º.

De justificatione hominis coram Deo ; Genevœ, 1618,
in-8º.

Spiritus S. afflatu, Venerandi Senatus Academiæ Ecles. delph. jussu, fidei, orthodoxæ analyt. hypolyposim αφοριστικῶς adumbratam, examen doctrinæ συζητησει publicis subituram, sub felici moderamine doctissimi Vivi D. Johan. Scharpii S. Theol. doctoris..., Anno cɪɔ.ɪɔc.xɪx ; Deiœ in-8⁰, 64 p.

Symphonia prophetarum et apostolorum, in qua, ordine temporum servato, loci Sacræ Scripturæ ad speciem pugnantes conciliantur, nec non ad quæstiones chronologicas, aliasque Veteris Testamenti respondetur; Genevœ, 1625, in-4⁰, 2 vol. — Autres éditions, Idem, 1639, 1653, 1670.

De peccato et liberio arbitrio, 1610. Il n'est pas certain que cet ouvrage ait été imprimé.

Steck (JEAN)

Né à Bâle en 1583. Professeur de logique, d'archéologie romaine et de littérature grecque à l'Académie de Nîmes de 1603 à 1606 ; de philosophie, à l'Académie de Die de 1607 à 1611 ; de philosophie et de droit, à Lausanne de 1611 à 1615, et à Genève, en 1616. Reçu bourgeois de Berne en 1617, ministre plénipotentiaire du Sénat de cette ville auprès du duc de Savoie en 1617, puis auprès de Louis XIII, de Lesdiguières et d'autres ; nommé ensuite membre du Conseil des Deux Cents et du Sénat de Bâle, mort de la peste à Berne en 1628.

Galliæ lessus in obitum Henrici Maximi Galliæ et Navarræ regis; Diœ Vocontiorum, 1610, in-8⁰, 17 p.

Logica, 1613.

Exercitationes Jesuiticæ seu Acta Disputationum habitarum cum Johanne de La Grange et Johanne Gauterio, 1615.

Apologia des Stadt Bern wider den Bischof zu Basel wegen des Bielerischen Jansches, Münsterthalischen Burger Rechts und Religion, 1615, in-4°.

Clipeus regalis, 1616.

Observationes anticritæ juris, 1616.

Manifest wegen der Stadt Bern Judicatur-Recht

*gegen den Grafen von Neueburg und seine Untertha-
nen*, 1618.

Systema Jurisprudentiæ feudalis, 1620.

Commentarius in Justiniani Institutiones, 1622.

Synode de Nyons.

*Article du Synode de Dauphiné, tenu à Nyons le 14.
septembre et jours suivans de l'année 1675. Touchant
la Reformation des mœurs, et l'indiction d'un June;*
Die, 1675, in-4°, 4 p.

Synode de Gap.

*Indiction d'un June, faicte par les Ministres et les
Anciens des Consistoires députés au Synode tenu en la
ville de Gap, en Dauphiné, au mois de septembre 1669;*
Die, 1670, in-4°, 3 p.

Terras (JEAN-PIERRE)

Chirurgien du Valentinois, reçu bourgeois de
Genève le 29 septembre 1769.

*Observations sur le bec-de-lièvre et sur l'extirpation
d'un bouton carcinomateux* (dans les *Mémoires de
l'Académie de chirurgie*, t. V.)

*Observations sur l'exfoliation des os ; Observations
sur l'hydrophtalmie; Mémoires sur les propriétés et
l'usage de la charpie dans le traitement des plaies et
des ulcères; Lettre sur l'usage du Sublimé corrosif*
(dans le *Journal de Médecine*, depuis 1775).

Terrasson (P.)

Docteur en Médecine à Die en 1672.

*Description et relation fidèle de la nature, propriétez
et usage de la fontaine minérale nouvellement décou-
verte au terroir de la ville de Die;* Grenoble, 1672, in-8°,
70 p. — A la page 61: *Remarques sur le Traité de la
nature, vertus et qualitez de notre fontaine.*

Le Plomb au tombeau, ou Apologie juste et véritable contre les calomnies du sieur Théophile Terrisse, professeur en philosophie ; Die, 1672, in-8°, 38 p.

Le Mercure vangé de Monsieur de Passis, D. Médecin de la ville de Crest ou Apologie des eaux de Die ; Die, in-12, 71 p.

Terrasson (Jeanne)

Née à Die, veuve du sieur Raymond. Arrêtée en 1686, puis conduite dans les prisons de Grenoble et à l'hôpital de Valence, délivrée en 1687 et réfugiée en Suisse en 1688.

Recueil des choses les plus remarquables qui me sont arrivées en France, dans le temps des persécutions, et des maux qu'on m'y a fait souffrir, à moi la veuve Raymond, née Jeanne Terrasson, une des confesseuses de Jésus-Christ... (Dans *Deux héroïnes de la foi : Blanche Gamon, Jeanne Terrasson...* par Th. Claparède et Ed. Goty ; Paris, Neuchâtel et Genève. 1880. in-8°).

Terisse (David-Théophile)

Né vraisemblablement dans le Bas-Dauphiné et ancien moine. Son vrai nom était André Castel. Docteur en médecine et professeur de philosophie à Die, de 1640 à 1642, puis de 1665 à 1674.

Theses universæ Philosophiæ Christianæ pro summa laurea consequenda, quas Deo favente sub auspicio Dom. Theophilii Teritii Philosophiæ professoris doctissimi in Academia Eccl. Ref. Galliæ apus Dienses die 5. Septemb. 1642... ; Deiæ Aug. Vocont, 1642, in-8°.

Manuale Philosophiæ Christianæ, in quo singulari brevitate et claritate proponuntur omnia scitu necessaria Philosophiæ studiosis ; Deiæ August. Vocont., 1646, in-8°, 389 p.

Theses universæ Philosophiæ Christianæ pro suprema Philosophiæ laurea consequenda, quas illustrissimo nobilissimo que Domino D. Jacobo de Durand Topar-

cha de Riconiers... nobilis et ingenuus adolescens nepos Jacq. Delacarre a Thomeo respondens...; Deiœ Aug. Vocont.. 1659, in-fol., sur soie.

Theses logicæ Christianæ quas sub præsidio doctissimi viri boni. D. Theophili Terrilii medicina doctoris peritissimi, et in Academia Ecclesiarum Reform. Galliæ authoritate Regiâ, Diœ constitutâ, Professoris acutissimi ad diem 25 junii 1660..... Dio: Augustæ Vocontiorum. 1660. in-4° (Placard).

Uguet (FÉLIX)

Voyez **Huguet**.

Vaux (GEOFFROY DE)

Ancien moine franciscain, natif de Lantregnier (Bretagne), prédicateur à Valence en 1588, converti au protestantisme en 1589, pasteur en Dauphiné de 1589 à 1596, retourné au catholicisme à Toulouse en 1597, puis redevenu protestant.

Célèbre conversion de la personne et famille de M. de Geoffroy de Vaux jadis de l'ordre de S. François, breton de nation du diocèse de Tréguier, après avoir esté Ministre de la doctrine calvinienne ès pays de Dauphiné. Faicte à Toloze..... le dimanche 19 janvier 1597.....; Toloze, Raymond Colomiez, 1597, in-12. — Réimprimé par Mougin-Rusand en 1875, in-12.

Vial (ANDRÉ)

Né vraisemblablement en Dauphiné, pasteur à Ganges en 1673.

Traité du Saint-Sacrement de l'Eucharistie, etc.: Grenoble. Jean Nicolas, in-12, 346 p. et 13 p.

Vial

Avocat au parlement de Grenoble, défenseur de Louis Rivail, de Saint-Marcellin, poursuivi comme blasphémateur de la vierge Marie.

Advertissement pour sieur Louis Rivail, de la R. P.

R., deffendeur en prétendu excez contre M. le Procureur du Roi au bailliage de Saint-Marcellin en Dauphiné, demandeur; s. l. ni d. (1679).

Requeste présentée à nos Seigneurs de la Cour de Grenoble par Louis Rivail, de la R. P. R.; s. l. ni d. (1679).

Vial de Beaumont (JACQUES)

Né à Grenoble, pasteur en Dauphiné à la veille de la révocation de l'édit de Nantes, pasteur à Dardagny (territoire de Genève), en 1708, puis à Genève en 1730.

De l'idolâtrie de l'Eglise Romaine ou Traité dans lequel, pour s'assurer si cette Eglise est idolâtre, on examine : 1º A quelles actions on doit donner le nom d'idolâtrie, selon les idées de l'Ecriture; 2º Quelle conformité, la doctrine et le culte de l'Eglise Romaine, ont avec ces actions-là. 3º De quel poids sont les raisons, que les Catholiques romains allèguent pour justifier qu'ils ne sont pas idolâtres; s. l. (Genève?) 1728, in-12, 532 p.

Videl (ALEXANDRE)

Né dans le diocèse d'Embrun, médecin à La Tour de Luzerne (vallées vaudoises du Piémont), passé au catholicisme et encore vivant en 1675.

Traité des motifs qui ont obligé le sieur Alexandre Videl, docteur en médecine, d'abjurer la Religion prétendue Reformée pour embrasser la foy Catholique, Apostolique, Romaine...; Grenoble, 1670, in-8º, 274 p.

Vigne (ALEXANDRE)

Né à Nyons, pasteur à Menglon en 1660, pasteur et professeur de philosophie à Die de 1662 à 1665, pasteur à Grenoble de 1665 à 1685, année de son passage au catholicisme.

Entretiens de Philalethe et de Philerène, où sont examinées les propositions contenues dans la Déclaration

du clergé du mois de mars 1681, etc.; Cologne. P.
Marteau, 1682, 2 vol. in-12.

*Lettres contenants les motifs de la conversion de MM.
Vigne et Gilbert, cy-devant Ministres de Grenoble et de
Dye;* Lyon, 1685, in-12, 182 p. — Renferme en outre :
Discours de l'évêque de Grenoble, puis *L'erreur décou-
verte de la Religion prétendue reformée par le fils
d'un fameux Ministre qui écrit à son père, dans laquelle il lui expose les motifs qui l'ont obligé à quitter
la R. P. R.;* enfin un *Sonnet* sur la démolition du temple de Grenoble.

*Lettre de Vigne, cy-devant ministre de Grenoble, à
Messieurs de la Religion prétendue reformée, etc.;*
Grenoble, 1685, in-8°, 76 p.

Lettre de M. Vigne aux nouveaux Catholiques, etc.;
Grenoble, 1685, in-8°, 47 p.

*Apologie pour l'Eglise Catholique, où l'on justifie sa
croyance, son Culte et son Gouvernement, par les principes mêmes des protestans;* Paris, 1686, in-12.

*Justification du culte de l'Eglise catholique sur le
terme d'adorer et sur l'usage de la genuflection, où
l'on donne la véritable idée de ce terme et de cette pratique;* Grenoble, 1687, 48 p. in-12.

*Lettre à un nouveau converti sur le dessein qu'il a de
se retirer dans les païs étrangers;* s. l. (Grenoble) et
s. d., in-12, 63 p.

Vinay (Pierre de)

Né à Loriol, pasteur à Livron en 1578, à Montélimar
de 1586 à 1589, à Livron de 1590 à 1610. Mort deux
ou trois ans après.

*Discours véritable de la Conférence publiquement
faicte en latin, entre P. de Vinays, Ministre, et J. Cois-
sard, jésuite. Traduite fidèlement en françois de son
original, sur le poinct de l'invocation des Saincts dé-
cédez. L'épistre dédicatoire adressée à Messieurs les
habitans de Crest, tant de l'une que de l'autre religion;*
s. l., Gabriel Cartier, 1601, in-8°, 152 p.

Vinay (Alexandre de)

Fils du précédent, pasteur à Loriol de 1613 à 1617, à
Crest de 1617 à 1622, à Annonay de 1622 à 1670, année
de sa mort.

Conférence entre Alexandre de Vinay, Ministre de
l'Eglise reformée de Crest, et Pierre Biard, jésuite à
Die, en 1619. Non retrouvé.

Autre Conférence en 1620. Idem.

*Le jésuite démasqué contenant la dernière Confé-
rence tenue à Crest entre A. de Vinay, pasteur, et J.
Isnard, jésuite; Ensemble un Traicté sur l'infaillibilité
du pape; Dye, 1621. in-8º, 104 p.*

*Actes de la conférence tenue à Annonay, depuis le
X. décembre M.DC.XXIV jusqu'au 25 febvrier 1625.
Entre Alexandre de Vinay, Ministre de la Parole de
Dieu, et Jean Martinecourt, jésuite, etc.; Genève, 1626,
in-12.*

Visconti (Jean-François)

Ancien moine dominicain, originaire d'Italie et noble.
Professeur de philosophie à l'Académie de Die, retourné au catholicisme en 1622 et nommé conseiller
d'Etat.

Programme et *Problèmes* contre l'enseignement de
Steck, son collègue (Die, 1610). Non retrouvé.

Propositions contenant le sommaire d'une dispute
entre J.-F. Visconti et J. Isnard, jésuite (Die, 1619). Non
retrouvé.

Thèses contre le jésuite J. Isnard (Die, 1618 ou 1819).
Non retrouvé.

Thèses contre le pouvoir temporel de l'Evêque de
Valence (Die, 1618 ou 1619). Non retrouvé.

*Lettre escrite à Monseigneur Desdiguières, duc,
pair, et mareschal de France et lieutenant général
pour le Roy en Dauphiné..., touchant le mariage futur
entre M. le Conte de Sault, son petit-fils, et Mademoiselle des Diguières. sa fille, par noble J.-F. Visconte,
le 9 janvier 1619; Lyon, 1619, 24 p. in-8º.*

Vouland (Daniel) dit Roche

Né au Poët Laval, en 1713, pasteur du Désert du Dauphiné de 1734 à 1754, année de sa mort, qui eut lieu
à Lausanne le 28 novembre.

*Relation des principaux faits qui sont arrivés dans
cette Province de Dauphiné, au sujet de la Religion
protestante, depuis la Cassation de l'Edit de Nantes,*
1685-1736 (Bibl. de Genève. Mns. Court, N° 17, vol. B).

Vouland (F.-A. Michel), dit Roche

Fils du précédent, pasteur du Désert de Dauphiné
en 1772 et 1773, à Orange; en 1774, dans le quartier
de la Plaine; de 1775 à 1777, à Marseille; en 1780, à
La Rochelle; même année, à Caen; en 1781, en Normandie; en 1787, à Saint-Auban et Sainte-Euphémie;
interdit, le 4 septembre 1793, à cause de ses excen-
tricités, et décédé, peu après, dans les environs de
Valence.

*Sermon prononcé le premier jour de l'an 1775 au
Désert du Bas Dauphiné. Par M. V**, ministre du
Saint Evangile.* A Neuchâtel, par la Société typogra-
phique, 1775, 37 p. in-8°. On attribue aussi ce *Sermon*
à Vernet, pasteur en Vivarais.

*Discours sur l'ouverture de la campagne de 1780,
par un Ministre protestant.* A Londres (1780), 44 p.
in-12. — Autre édition (1781), 31 p. in-12.

*Lettre pastorale, à l'occasion de la naissance de
Monseigneur le Dauphin. Adressée aux protestants de
la ville et de la campagne de C... en B... N...* (Caen en
Basse Normandie), *par M. F.-A.-M. V.... Ministre du
Saint Evangile* (1781), s. l. ni d. — C'est la reproduc-
tion partielle du *Discours* précédent.

Vulson (Marc), seigneur du Collet

Conseiller à la Chambre de l'édit de Grenoble.

*Harangue faicte au Roy estant en son conseil à
Tours le XXVIII aoust 1615 par les députez de l'As-*

semblée de Grenoble ; à Tours, par Anthoine Jean, 1615, 13 p. in-8º.

Traicté des Elections... avec quatre arrests notables sur celle matière, des Cours de Parlement de Paris, de Grenoble, d'Aix et de la Chambre de l'édit establie à Castres; Grenoble, P. Verdier, 1623 , in-4º. 4 f. et 59 p. —Edition augmentée : *Questions singulières de droict, sur les Élections d'héritier, contractuelles et testamentaires. Avec un traicté sur les conditions fidéicommissaires, en l'un et en l'autre cas, des deceds sans enfans, et des deceds avec enfans, et des enfans sans enfans, exprimé ou sous entendu dans la substitution graduelle* ; Paris, Ch. de Sercy, 1669, in-12, 10 f. et 158 p.; Bordeaux, Cl. Labottière, 1696, in-12, 6 f. et 142 p.; autre édition, 1753, in-4º, avec notes par Th. Sudre, avocat à Toulouse.

De la Puissance du Pape et des Libertez de l'Eglise gallicane ; Genève, 1635, in-8º.

Prière publique de l'Eglise ; Grenoble, Ed. Raban, 1640, in-8º, 7 p.

Vulson (JEAN) de La Colombière

Frère du précédent, pasteur à Lamure de 1600 à 1609 ; à Die, de 1609 à 1619 ; à Tréminis, en 1619 (six mois) ; à Gap, en 1620 et 1621 (intérim) ; à Montélimar, de 1622 à 1626, année de sa mort.

Lettre de M. de La Colombière à Monsieur Du Plessis-Mornay, dans la *Correspondance de Du Plessis-Mornay, 1824*, t. XII, p. 483; et dans *Actes et Correspondance de Lesdiguières*, t. III, p. 404 à 406.

Vulson (MARC) de la Colombière

De la même famille que les précédents, peut-être le neveu de Marc Vulson, gentilhomme de la Chambre du Roi, héraldiste, mort en 1658.

Recueil de plusieurs pièces et figures d'armoiries obmises par les autheurs qui ont escrit jusques icy de celle science... Avec un discours des principes et fon-

demens du Blason, et une nouvelle méthode de cognoistre les métaux et couleurs sur la taille douce; Paris, Melchior Tavernier, 1639, in-fol., 13 f., 14 p. Plus la généalogie de la maison de Salvaing et 75 planches d'armoiries. — C'est la copie partielle d'un manuscrit de de Sautereau, conseiller au Parlement de Grenoble.

La science héroïque, traitant de la noblesse, de l'origine des armes, de leurs blasons et symboles, des tymbres, bourlets, couronnes, cimiers, lambrequins, supports et tenans, et autres ornemens de l'escu; de la devise et du cry de guerre, de l'escu pendant, et des pas et emprinses des anciens chevaliers, des formes différentes de leurs tombeaux, et des marques extérieures de l'escu de nos roys, des reynes et enfans de France, et des officiers de la couronne et de la maison du Roy. Avec la généalogie succincte de la maison de Rosmadec en Bretagne. Le tout embelly d'un grand nombre de figures en taille douce sur toutes ces matières; Paris, Séb. et Gab. Cramoisy, 1644, in-fol., 494 p. — La généalogie de Rosmadec est à la fin avec un titre spécial, 38 p., 8 planches. 3 f. — Nouvelle édition en 1669.

De l'office des rois d'armes, des hérauts et poursuivans, de leur antiquité et privilège, des cérémonies où ils sont employés par les princes, avec les noms et armes de la Chrétienté et de leurs Etats; Paris, Lamy, 1645, in-4°.

Le Palais des curieux, ou l'algèbre et le sort donnent la décision des questions les plus douteuses, etc.; Paris, 1647, in-8°. — Souvent réimprimé avec des changements dans le titre; traduit en anglais: Londres, W. Crooke, 1670, in-8°.

Le Vray Théâtre d'honneur et de chevalerie, ou le Miroir historique de la noblesse, contenant les combats, les triomphes, les tournois, etc.; Paris, 1648, 2 vol., in-fol.

Les Portraits des hommes illustres françois qui sont peints dans la galerie du Palais-Cardinal de Richelieu, avec leurs principales actions, etc.; Paris, 1650 et 1655, in-fol., 23 portraits. Souvent réimprimé dans le format in-12.

Les oracles divertissans, où l'on trouve la décision

des questions les plus curieuses pour se réjouir dans les compagnies. Avec un traité très-recreatif des couleurs, aux armoiries, aux livrées, etc. Paris, 1652, in-8°.

Le Palais de la Fortune, ou les curieux trouveront la réponse agréable des demandes les plus divertissantes pour se réjouir dans les compagnies... Ensemble l'explication des songes et visions nocturnes, avec un Traité de la phisionomie, Paris, 1671. in-12. — Quelques-uns pensent que cet ouvrage est le même que *Le Palais des curieux* et *Les Oracles divertissans,* qui ont eu un grand nombre d'éditions sous des titres différents.

Vulson (Pierre) sieur des Grands Prés

Neveu du conseiller Marc Vulson, docteur en médecine à Die et à Grenoble au XVIIᵉ siècle.

La lumière du Chaos chymique, ou Medecine spagyrique; Grenoble, R. Cocson, 1627, in-4°.

L'ordre qu'il faut observer en l'usage des Eaux minérales acides, et surtout de celles des Auriol-en-Trièves et du Monestier-de-Clermont, etc.; Grenoble, 1639, in-8°.

Yze (d') Voy. Ize (d')

Anonymes (1)

Histoire du triomphe de l'Eglise lyonnoise (par un Grenoblois), s. l., 1562, in-8°.

Discours de ce qui a esté faict ès villes de Valence et Lyon et premier de la ville de Valence en Dauphiné (1562), dans Cimber et Danjon, *Archiv. curieuses de l'hist. de France,* t. IV.

---

(1) Sous cette rubrique ne sont compris que les écrits dont les auteurs sont inconnus. Dans les listes précédentes se trouvent plusieurs ouvrages anonymes, mais leurs auteurs ont été découverts par les historiens ou les bibliophiles.

Discours en forme de Cantique sur la vie et mort de Charles du Puy, seigneur de Montbrun et de Ferrassières, gentilhomme dauphinois, bon serviteur de Dieu et couronne de France. Faict par B. D. L. R. D. Imprimé l'an de Christ 1576, in-8°. — Réimprimé dans Long, *La Réforme et les guerres de religion en Dauphiné*, p. 291-302.

Missive à la Reine mère sur le faict de l'édit du Roy, faict en juillet 1585 pour réunir tous ses subjects à la Religion romaine; Embrun, 1586. 100 p. Daté de Basle, ce 15 d'Aoust 1585. Par un pasteur, suivant M. Jules Chevalier (*Mémoires des frères Gay*, p. 205).

Journal des guerres de Lesdiguières, de 1585 à 1597, dans les *Actes et Correspondance de Lesdiguières*, t. III, p. 172 et suiv. M. Roman, éditeur des *Actes*, pense que ce *Journal* a été rédigé par les divers secrétaires de Lesdiguières qui suivent : Florent de Renard, Biard, Giraud, Béraud, l'Abbé et Noël Brémond : mais on ignore ceux d'entre eux qui étaient protestants.

Mémoire de ce qui s'est passé en Dauphiné depuis le mois d'Avril jusqu'au vingtiesme de décembre 1587, dans les *Mémoires de la Ligue*, vol. II, p. 200 et suivantes, et dans les *Actes*, t. III, p. 185 à 192. — M. Roman estime que ce *Mémoire* est attribué à tort à Jacques Pape, seigneur de Saint-Alban, dont il porte le nom. C'est le troisième fragment des Mémoires attribués à ce capitaine. — Les deux premiers sont insérés dans les *Preuves de l'Histoire de l'illustre maison de Coligny* (Paris, 1662, in-8°), et d'autres recueils historiques.

Le fidèle François des Eglises reformées de France contenant desaveu de resolutions prises à l'Assemblée de La Rochelle en exécution des éditz de Sa Majesté, etc.; Grenoble, Marniolles, 1621, in-8°. — Pourrait avoir été écrit par un catholique.

Récit des dernières heures de Monsieur Du Moulin, décédé à Sedan, le 10 mars 1658; Grenoble, Jean Nicolas, 1658, in-12.

La Cité permanente ou deux Sermons sur ces paroles de l'Epistre aux Hébreux, Chap. 13, vers. 14. Nous n'avons point icy... Grenoble, J. Nicolas, 1658, in-16, 328 p.

Le Fidele soupirant ou Meditations par Monsieur C.; Grenoble, s. d., Jean Nicolas, 120 p., in-18.

Les Contre-Vérités du Père Meynier sur l'exécution de l'édit de Nantes; (Die), 1664, in-4º, 14 p.

Sermons prononcez en Languedoc et Dauphiné; Grenoble, Dumon, 1673, in-8º.—Après ce premier titre : *Sermon sur le verset 28 du Chapitre XX du livre des Actes des Apostres: Prenez donc garde à vous-mêmes, etc., Prononcé par René Bertheau, Ministre ... de Montpellier, à l'imposition des mains de M. Pérol;* A Grenoble, pour François Bourly, marchand libraire à Montpellier, 1672. — De plus, un *Sermon* de Ch. Icard, pasteur à Nîmes, et un autre prononcé à Gap à l'ouverture du synode provincial.

Entretiens de Paulin et d'Acante. Commencez le prémier juillet 1681 ; Orange, in-18, 360 p. — L'auteur parait être de Grenoble et y avoir écrit. On peut également conjecturer qu'il habitait Orange.

Relation fidéle des dernières afaires du Dauphiné au sujet de la Religion ; Berne, 1683, in-18. — Réédité par M. Lacroix, avec des Notes; Valence, 1875, in-18.

Très-humbles et très-respectueuses représentations des protestants de la province de Dauphiné au Roi ; s. l. ni. d. (1758), in-4º.

SUPPLÉMENT

Alemand (Louis-Augustin)

Remplacer la notice biographique par celle-ci :

Né à Grenoble en 1655 de Claude Alemand, procureur au Parlement, et de Lucrèce Guichard de Perozat ; avocat lui-même audit Parlement, passé au catholicisme en 1676, homme de lettres à Paris, reçu docteur en médecine à Aix en 1693, rentré à Grenoble et mort le 14 avril 1728.

Ajouter à la liste de ses livres :

L'Histoire de la Cour du Roy de la Chine, des Princes, des Ministres et des Dames qui la composent, avec les secrets de médecine d'où les Chinois se guérissent, par un nouveau voyageur françois : Grenoble. Champ. 1699, in-12, 127 et 135 p.

Epistola ad sanctissimum Patrem Clementem Papam XI. Beatissime Pater... Gratianopoli Non. jun. anno salutis. 1704, in-4°, 2 p.

Ajouter à celle des manuscrits :

La jurisprudence particulière de cette province ;

Les Senatus-consultes de Dauphiné ;

Les principaux articles de nos règlements et arrests généraux ;

Les Maximes de nostre province sur les fiefs ;

Un Traité des juridictions de cette province ;

Le Baronnage de cette province ;

Le Monasticon de Dauphiné ;

Histoire du Clergé séculier de Dauphiné ;

Alemaniana 20e, ou lettre de M. Alemand l'aisné, advocat au Parlement de Grenoble, à Mr..., au sujet de la branche des Aleman de Rochechinard, in-fol., 10 f.

L'*Alemaniana 1*re a été imprimée à Grenoble, 1707, in-4°,7 p.

Alemand (JACQUES-THOMAS)

Remplacer la notice biographique par celle-ci :

Frère cadet du précédent, avocat, contrôleur des fermes du roi au bureau de Grenoble, passé au catholicisme comme son frère, mort en 1721. Leur mère, « emportée de rage et de haine pour la dite conversion », déshérita ses deux fils et institua héritier Alexandre Eustache, notaire à la Mure.

MANUSCRIT :

Notes curieuses, observations météorologiques, faits autobiographiques, consignés dans un volume de sa bibliothèque, intitulé : *Ephemerides Falsineæ recentiores.*

(*Maignien*, dans *Le Bibliophile du Dauphiné*, n° 12, octobre-décembre 1886.)

Arnaud (JEAN) dit Du Perron et La Plaine

Natif du Vivarais, élève du séminaire protestant de Lausanne, puis proposant ; condamné à mort par contumace le 17 mars 1745 par le Parlement de Grenoble, arrêté le 17 juillet de la même année, apostat en face du gibet le 16 août 1748, évadé du couvent des Pères de la Charité de Vizille le 4 avril 1750, mort de regrets le 26 mai suivant.

Motifs de l'abjuration que le sieur Jean Arnaud dit Du Perron, ministre calviniste, a faite du Calvinisme ; entre les mains de Monseigneur l'Evêque de Grenoble le 16.e août 1748. Grenoble, André Faure, 1749, in-8°, 54 p. — On pense avec raison que cet écrit n'a pas été composé par Arnaud.

Aymon (JEAN)

Ajoutez à la fin : *Mémoire de plusieurs Actes, Patentes... présenté à Son Eminence Monseigneur le Car-*

dinal de Noailles, Archevêque de Paris.... par le Sieur
Aymon, cy devant ministre réfugié à La Haye en Hollande et présentement à Paris avec permission de Sa
Majesté très Chrétienne pour y faire profession de la
R. C. A. et R. et pour s'y employer à tout ce qu'il
pourra être utile, soit pour la R. ou pour l'État et, afin
qu'on juge de sa personne et de ses talents sur des
fondemens solides, il produit les pièces suivantes...
(cinq pièces). Signé Aymond, pronotaire apostolique,
sans date (avril 1706). Manuscrit de la Bibliothèque
nationale, n° 20.967, p. 220.

Barbier (JOSUÉ)

Ajoutez à la fin : *Tableau des Assemblées calviniques*, in-4°, 10 p. (Manuscrit des Archives nationales
TT. 329).

Bech (PHILIPPE)

Etudiant de l'académie de Genève en 1664, pasteur à
Beaufort en 1675, à Saint-Marcellin de 1684 à 1685, à
Zwolle (Hollande) en 1686, mort le 20 mai 1698.

*La critique générale de l'Histoire du Calvinisme de
Monsieur de Maimbourg* (1683). Non retrouvé. Condamné à être brûlé par le parlement de Grenoble le
3 avril 1683.

Besson (JACQUES).

Rochas fait naître à tort ce personnage à Grenoble,
car le « Régistre et Rolle des estrangiers » de Genève
nous apprend qu'il fut reçu habitant de cette ville le
16 mai 1559, sous la rubrique : « Jaques Besson, natif
de près de Brianson en Dauphiné ». Il avait donc em-
brassé la Réforme : ce qu'on ignorait jusqu'à présent.
Il professa les mathématiques à Paris, puis, suivant
Rochas, se fixa à Orléans vers 1554, où il mourut entre
1569 et 1578. — « Le Citadin de Genève » l'appelle un
« grand mathématicien ».

*Jacobi Bessoni de absoluta ratione extrahendi olea et
aquas e medicamentis simplicibus*, etc.; Paris, 1559,

in-4º; Zurich, 1567, in-8º; Paris, 1671, in-4º, avec la
traduction française en regard. — Celle-ci publiée
séparément, Paris, 1573, in-8º; Paris, 1580, in-4º.

*Le Cosmolabe ou instrument universel, concernant
toutes les observations qui se peuvent faire par les
sciences mathématiques, tant au ciel, en la terre
comme en la mer;* Paris, s. d. (1566), in-4º.

*L'art et la science de trouver les eaux et fontaines
cachées sous terre, autrement que par les moyens vulgaires des agriculteurs et des architectes;* Orléans,
1569, in-4º.

Description et usage du compas Euclidien, etc.; Paris, 1571, in-4º.

*Theatrum instrumentorum et machinarum quas
J. Bessonus excogitavit liber primus,* s. l. n. d.
(Orléans, 1569), in-fol.; Lyon, 1578, in-fol.; Lyon, 1582,
in-fol. (avec un titre différent); traduction française
avec des interprétations, par François Béroald; Lyon,
1578, in-fol.; Lyon, 1579, in-fol.; Genève, 1593, in-fol.—
Traduit en plusieurs langues, notamment en italien;
Lyon, 1582, in-fol.

Brun (NICOLAS)

*Requête du sieur Nicolas Brun de Thorane en Dau-
phiné, tendante à obtenir des secours de la Propagation de la Foy de Grenoble;* s. l. ni d., in-4º, 16 p.

Chamier (DANIEL I)

Le véritable titre du « Traité de la confusion des
disputes papistes » est *La confusion des disputes pa-
pistes, par Daniel Chamier.* A Genève, pour François
Lepreux. M DC., 16 p. non chiffrées, plus 270 p. —
L'épitre dédicatoire est adressée « A Monsieur M. Jean
Chalas J. C. »

Ajoutez à sa date : *Danielis Chamieri, Delphinalis
Ecclesiæ apud Acusios Pastoris, Disputatio Tricastrensis;* Genevæ excudebet Nicolaus des Portes,
1600, in-32, 160 p.

Chiron (Théodore)

Pasteur à Montélimar de 1679 à 1684, époque où il fut banni de France par le parlement de Grenoble, réfugié d'abord à Genève, puis à Lausanne en 1688.

Advertissement pour Pierre Chiron, Ministre des habitans de la R. P. R. de la ville de Montélimard, décrété de prise de corps, contre Dom François Louis Faure, Claustral du Prieuré de S. Marcel les Sauzet, etc. S. l. ni d. (1684), 22 p., in-4°.

Coligny (Gaspard de Chatillon, comte de)

Né le 16 février 1516 et massacré à la Saint-Barthélemy. Suffisamment connu.

Mémoires de Messire Gaspar de Colligny, Seigneur de Chastillon, admiral de France ; Grenoble, Jean Nicolas, 1669, in-18, 156 p. — Cette édition fut remise en vente par le même à Grenoble en 1670. — Plusieurs attribuent ces *Mémoires* à Jean de Serres, d'autres à Hottman : c'est une erreur provenant de ce qu'ils furent imprimés à la suite de la vie de Coligny, écrite par l'un ou l'autre de ces deux auteurs.

Deron (Jean)

Factum pour le sieur Jean Deron de Montélimar en Dauphiné, banni de sa famille et privé de ses biens en suite de sa conversion à l'église catholique, apostolique et romaine ; s. l. ni d., in-fol., 8 p.

Drelincourt (Charles)

Né à Sedan le 10 juillet 1595, pasteur à Paris de 1620 au 3 novembre 1669, date de sa mort.

Les Consolations de l'âme fidèle contre les frayeurs de la mort, etc. ; Grenoble, Nicolas, 1654, in-8°.

Le Mespris du monde, augmenté de plusieurs traittés, trouvez après le decès de l'auteur ; Grenoble, Nicolas, 1669, in-12.

Ducros (Charles)

Avocat au parlement de Grenoble, nommé député général des églises réformées en Cour par l'assemblée politique de Chatellerault de 1605, annobli le 14 avril 1608 par Henri IV, qui lui confia le 18 mars 1609 la charge de président de la Chambre de l'édit de Grenoble, assassiné à Montpellier dans la nuit du 22 février 1622.

Advis à M. de Lesdiguières pour le détourner de se faire catholique (dans *Actes et Correspondance de Lesdiguières*, t. III, p. 409-411).

Du Plotay (David)

Ajoutez à sa date : *Conférence entre David du Plotay, Ministre à Gap, et Jean Arnaud, vicaire, et Reymond Destrilis, jésuite, en latin. Approuvée par le synode de Gap de 161.* Nous ignorons si elle a été imprimée.

Garcin

Ajoutez le prénom de *Jean,* puis :

Garcin composa un livre intitulé *Entretiens d'un père et de son fils,* condamné à être lacéré et brûlé par le parlement de Grenoble le 1er juillet 1682, mais lui-même ne fut pas inquiété. Nous apprenons d'ailleurs qu'il publia la même année « des discours sur des matières de piété », où il se servit « de termes si forts contre la religion opposée, » que l'intendant de la province le décréta de prise de corps et que, traduit à Grenoble, il fut condamné à une amende considérable et à l'interdiction de son ministère dans le royaume. (Voy. notre *Hist. des prot. du Dauph.,* t. II, p. 105 et 396). Peut-être s'agit-il du même fait, exagéré par le second récit.

Giraud (JEAN)

Né à La Grave, réfugié en Suisse en 1686, un an après la révocation de l'édit de Nantes.

Journal d'un réfugié dauphinois (manuscrit de M. Monnet, ancien notaire à Vevey, domicilié à Pampigny [Vaud] ; imprimé en partie dans le *Bulletin de la Société de l'histoire du protestantisme français*, année 1865).

Guérin (FRANÇOIS)

Remplacez « Le Laict des Chrestiens... in-12 » par *Le Laict des Chrestiens ou Examen familier de plusieurs des principaux poincts de la doctrine orthodoxe : recueilli par François Guérin, Ministre de Jésus-Christ en l'église de Boby en Piémont. Pour l'usage de la dite église et de sa famille* ; Genève, Jean de Tournes, 1636, in-12, 255 p., plus 4 feuil. non chiffrées.

Icard (CHARLES)

Né en février 1636 à Saint-Hippolyte (Gard), pasteur à La Norville en 1659, à Nîmes en 1668, condamné à être rompu vif, le 26 juin 1684 et exécuté en effigie ; pasteur à Neuchâtel la même année, puis à Brême le 8 juin 1715, année de sa mort.

Sermon de Charles Icard, ministre de l'Eglise réformée de Nismes. Sur ces paroles : « Ayant ouï ces choses... Act. 2, ⳨ 37. Prononcé à Montpellier, le dimanche 4 may 1670, par ordre du Synode ; Grenoble, Dumon, 1670, in-12.

Joubert (LAURENT)

Ajoutez à la fin :

Reflexions sur l'idée outrée qu'on donne de la contagion de la peste, par M. J. ; Grenoble, Giroud, 1721, in-8o.

Lambert de Beauregard (PIERRE)

Domicilié à Saint-Antoine-en-Viennois, torturé à Valence à l'époque de la révocation de l'édit de Nantes en 1685, puis et réfugié en Suisse (Pays de Vaud).

Relation de ce qui a été fait souffrir à moy Pierre Lambert Beauregard, pour la Religion en la 69e année de mon age (dans *Bulletin de la Société de l'histoire du protestantisme français*, année 1873).

Bref discours pour donner à mes Enfants quelques idées de la Divinité de la Religion, et pour leur donner à connoistre les raisons pourquoi il faut qu'ils aillent au prêche et non à la messe, avec un petit Catéchisme des points que j'ai cru être les plus nécessaires pour le même dessein (Idem).

Massard (JACQUES)

Le *Traité des panacées* est, non pas un livre distinct, mais le faux ou premier titre du *Panacée ou discours sur les effets singuliers*, etc.

Ajoutez à sa date :

Seconde partie du traité des panacées ou des remèdes universels, avec un traité de la médecine ordinaire; Grenoble, Nicolas, 1680, 6 f. et 116 p.

Pacius (JULIEN) à Beriga

Chevalier de Saint-Marc, philosophe, jurisconsulte et philologue, né à Vicence le 9 avril 1550. Réfugié à Genève à cause de ses opinions luthériennes, il y enseigna dix ans la jurisprudence et de même à Heidelberg de 1585 à 1594 : puis il fut professeur de logique à l'académie protestante de Sedan, recteur du collège de Nimes, professeur de droit à l'université de Montpellier, à celle de Valence en 1616, à celle de Padoue en 1618, derechef à celle de Valence de 1619 à 1635, année de sa mort. — Tous les biographes ne disent pas qu'il appartint à la religion réformée, mais le fait est constant. Le jésuite de Feller, dans sa *Biographie universelle*, déclare lui-même qu'il

« mourut dans ses erreurs », et que le célèbre « Peiresc, qui avait été son disciple, tenta en vain de le ramener à la religion catholique » Barbier, dans sa *Ministrographie huguenote*, p. 2, dit pourtant qu'il embrassa le catholicisme à Valence.

Epitome, juris ; Spire, 1574, 1590, 1597, in-12.

Institutiones annotationibus doctorum virorum illustratæ ; accedunt Leges XII Tabularum, Ulpiani tituli XXIX, nec non Caï institutiones, cum notis ; 1579, in-12; Francfort, 1583, 1619, in-8°.

Aristotelis opera de logicá græcè, cum versione latina, Morges, 1584, in-4°.

Ἐναντιοφανῶν *seu legum conciliandorum Centuriæ tres* ; Spire, 1586, in-8° ; augmenté successivement jusqu'au nombre de dix centuries dans les éditions suivantes.

Synopsis juris civilis; Lyon 1588, 1616 et 1696, in-fol.

Commentarius ad quartum librum Justinianei codicis ; Spire, 1596, in-fol.

Aristotelis naturalis auscultatio, græcè et latinè ; Francfort, 1596, in-8°.

Aristotelis opera græcè et latinè, 1597, 2 vol. in-8° ; Genevæ, 1607, 2 vol. in-8°.

Institutiones logicæ ; Berne, 1600, in-8°.

De juris methodo libri II. Ejusdem de honore orationes II; Spire, 1597, in-8°.

Aristotelis Organum, hoc est libri omnes ad Logicam pertinentes, græcè et latinè ; Genève, 1605, in-4°.

Analysis Institutionum ; Lyon, 1605, 1621, 1670, in-12 ; Leyde, 1647, avec adjonctions de Wassenaer.

Methodicorum ad codicem lib. III, et de contractibus lib. VI; Lyon, 1605, in-fol.

Doctrinæ peripateticæ tomi tres, logicus, physicus et politicus ; Genève, 1606, in-4°.

Isagogica in corpus juris civilis et Decretales; Lyon, 1606, in-8° ; Erfurt, 1644 ; Amsterdam, 1647 ; Utrecht, 1662, 1680, in-8°.

Analysis Codicis ; Lyon, 1616, 1696, in-fol. ; Stras. 1637, in-8°.

Œconomia juris utriusque, perspicuis tabulis, ad memoriam juvandam, representata et annotationibus illustrata ; Lugduni, 1616, in-fol.

Analysis codicis ; Lyon, 1616, 1696, in-fol. ; Strasbourg, 1637, in-8º.

Commentarius in titulos de pactis et transactionibus ; Lyon, 1616, in-fol.

Ars Lulliana emendata : Valence, 1618, in-8º.

De dominio maris Hadriatici disceptatio, inter Sereniss. Regem Hispaniarun ob regnum Neapolitanum, et Sereniss. Rempublicam Venetam ; Lyon, 1619, in-12.

Juris utriusque definitiones posthumæ ; Amsterdam, 1619, in-12.

Corpus juris civilis ; Genève, 1680, in-fol.

Moreri ajoute :

Picturæ II de gradibus secundum Jus civile et canonicum.

De gradibus affinitatis.

Prunet (PIERRE)

Etudiant en théologie, non connu d'ailleurs.

Les dernières paroles de Monsieur Gigord, pasteur de l'Eglise réformée de Montpellier, recueillies par Pierre Prunet, estudiant en théologie ; Grenoble, Jean Nicolas, 1658, in-12, 55 p.

L'adieu au monde ou les dernières heures des sieurs du Plessis, Rivet, Gigord et du Moulin (par Pierre Prunet) ; Grenoble, Jean Nicolas, 1668, in-8º.

Ratramne ou Bertram

Moine de l'abbaye de Corbie en Picardie, au IXᵉ siècle.

Ratramne, autrement Bertram, prestre, Du corps et du sang du Seigneur, en latin et en françois ; Grenoble, Nicolas, 1672, in-8º. — Autre édition de Rouen, en vente à Grenoble, chez Dumon, imprimeur, 1673, in-12. — En tête, deux longues dissertations de Marc-Antoine de la Bastide, homme de lettres protestant, domicilié à Paris. D'autres auteurs les attribuent, avec autant de probabilité, à Pierre Allix, pasteur dans la même ville.

Vidal

Pasteur inconnu à *La France Protestante* des frères
Haag.

*Discours de Monsieur Vidal, ministre de la rel. prot.
ref., à Monsieur Foucault, intendant dans la province
de Bearn, de la paix des religionnaires de la ville de
Pau, sur leur conversion à la foy catholique, apostolique et romaine* (juillet 1885); à la fin : Grenoble, Fremont, s. d. (1685). in-4°, 4 f.

.•.

La seule conclusion que nous voulions tirer de cette
longue nomenclature, qui témoigne du haut degré de
culture littéraire et théologique auquel s'élevèrent les
protestants dauphinois, c'est la condamnation de
l'aveugle et coupable fanatisme, qui porta Louis XIV
à révoquer le bienfaisant édit de Nantes et arrêta brus-
quement le remarquable mouvement d'idées, de paroles
et d'écrits, qui fut une des gloires de notre province,
principalement au XVIIe siècle. Traqués de toutes
parts comme des fauves, décimés par l'exil, les galè-
res et l'échafaud, les protestants du Dauphiné furent
réduits à un silence de mort, qui réagit d'une façon
fâcheuse sur le clergé catholique lui-même, car, déli-
vré en un moment de tous ses rivaux, il négligea les
études religieuses et théologiques, tomba dans une
profonde ignorance, et ses mœurs mêmes s'altérèrent,
comme l'attestent les documents contemporains (1).

_____

(1) Voy. le Mémoire de l'intendant Fontanieu du Dauphiné du
3 mai 1729, dans la *Revue du Dauphiné*, t. VII, p. 29 ; sa *Lettre* du
21 septembre de la même année, dans H. de Terrebasse, *Les Mai-
sons de propagation de la Foi*, p. 197 ; Berger de Moydieu, *Mémoire*
(Manuscrit communiqué par M. J. Roman).

LIBRAIRIE XAVIER DREVET

LIBRAIRIE DE L'ACADÉMIE. — MAISON FONDÉE EN 1785
14, rue Lafayette. 14, GRENOBLE
Succursale a Uriage-les-Bains.
Bureaux du Journal LE DAUPHINÉ

BIBLIOTHÈQUE LITTÉRAIRE DU DAUPHINÉ

Nouvelles et Légendes Dauphinoises, par
Mme *Louise Drevet,* de la Société des Gens de Lettres
de France, Officier d'Académie ✪ A.

Plusieurs autres volumes sont en préparation. — (4-94.)

BIBLIOTHÈQUE ALPINE MILITAIRE

(Honorée d'une souscription du Ministère de la Guerre.)

Pezay (marquis de). — **Description militaire des vallées des Grandes Alpes (Dauphiné, Provence, Italie),** avec Index des appellations anciennes et modernes. — Un beau vol. in-8°. 2 fr. 50

La Blottière, maréchal de camp. — **Les frontières de France, Savoie et Piémont,** Mémoire pour servir d'instruction tant pour le campement des armées que pour les faire manœuvrer. (Manuscrit militaire inédit.) — Un volume in-8° avec *deux plans*.. 3 fr. 50

Aguiton (D'). — **Guerre offensive et défensive de la France contre le Piémont** et du Piémont contre la France. Mémoire militaire. — Un volume grand in-8°, avec *deux cartes*. 2 fr. »

Paris (G.-C.). — **Des Excursions et Ascensions d'Hiver dans la Montagne.** *Habillement, Équipement, Raquettes, Alimentation, Marche dans les neiges,* etc. — Un volume in-16, avec dessins techniques .... 1 fr. »

Maignien (Ed.). — **Le Lieut.-Général Bourcet** et sa famille. Un volume in-16, avec *Portrait du Général* et gravure..... 1 fr. »

Chabrand (A.). — **La Guerre dans les Alpes.** — In-16.. 1 fr. 50

Guerres de Religion en Dauphiné (1512-1642). — Mémoires de *Fr. Joubert* et *S. de Mérez.* (Manuscrit inédit.) — Un vol. in-16.. 1 fr. 50

Brossier (Colonel). — **Notes sur les cols entre la France et le Piémont.** (Manuscrit militaire, *inédit.*) Etc., etc.

Bourcet (Capitaine André de). — **Description des vallées des Barbets.** (Manuscrit militaire, *inédit.*)

Bourcet (Capitaine André de). — **Mémoires divers sur les vallées du Haut Dauphiné.** (Manuscrit militaire, *inédit.*)

Bourcet (lieut.-général P. de). — **Mémoires militaires** sur les frontières de la France, du Piémont et de la Savoie, depuis l'embouchure du Var jusqu'au lac de Genève. — *Édition complète annotée* par Un Comité d'Officiers et Géographes. — Un beau volume in-8°, avec *Carte.*

Ladoucette (baron), préfet. — **Histoire des Hautes-Alpes.** Topographie, Usages, Dialectes, etc. 3ᵉ édition. — Un beau volume avec *Atlas* de Plans, Cartes, Vues, etc.................... 15 fr. »

Chabrand (A.). — **Vaudois et Protestants des Alpes.** Documents inédits sur les Alpes Dauphinoises et Piémontaises. — Un volume in-8°... 6 fr. »

Bourcet (Lieut.-général P. de). — **Carte géométrique du haut Dauphiné** et du comté de Nice, dressée au 1/86400. — 9 feuilles gravées sur cuivre.. 27 fr. »

La Librairie Xavier DREVET envoie *franco* son Catalogue complet d'ouvrages sur les Alpes.

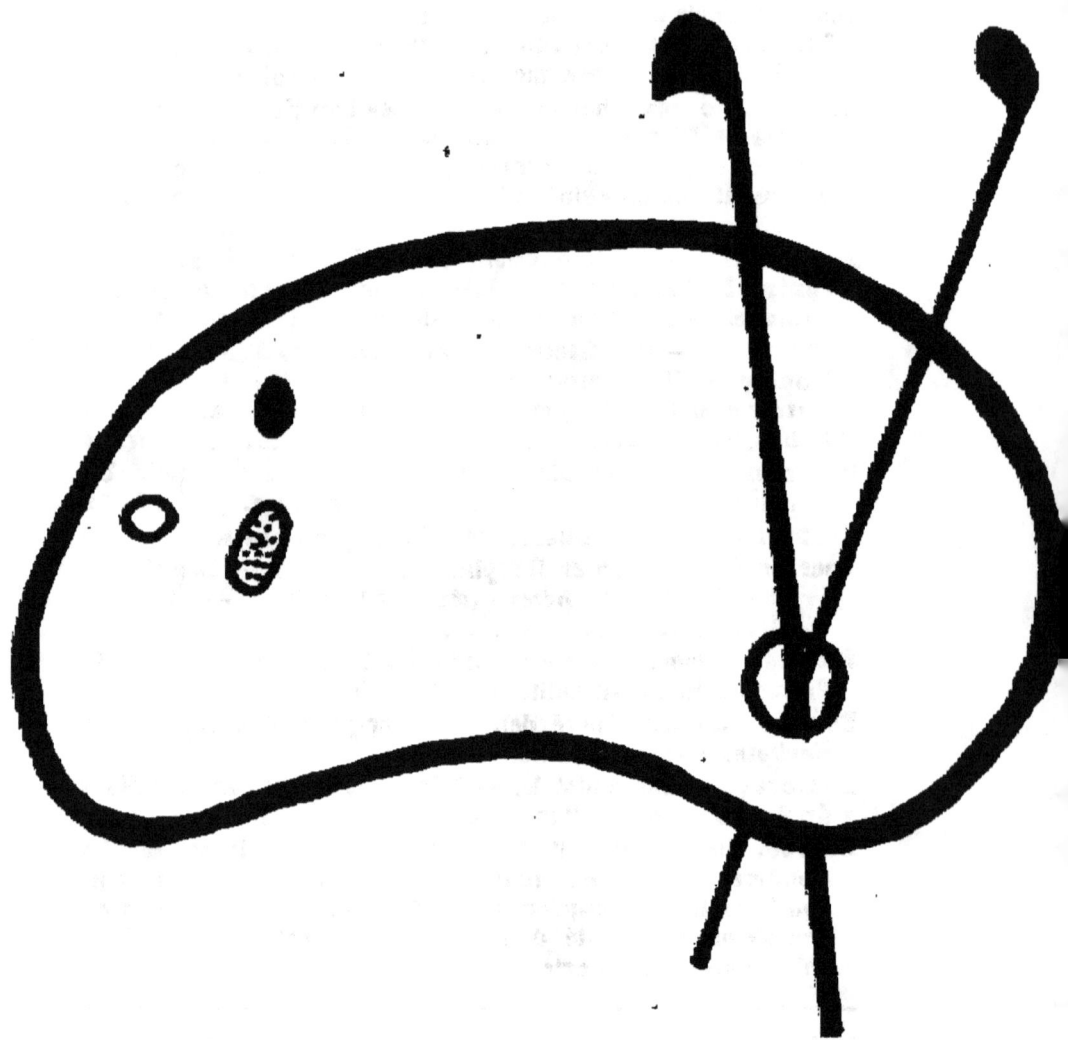

www.ingramcontent.com/pod-product-compliance
Lightning Source LLC
Chambersburg PA
CBHW052041270326
41931CB00012B/2577